Jaime Ángel de Casas

TRILOGÍA NÉMESIS
TOMO III
EL PESO DE LA CONCIENCIA

ESPAÑA

2016

Puede contactar con el autor en el correo:
Gabrieldealarcon2014@gmail.com

Contacto en facebook: Jaime Castilla Portugal

Título de la obra: El peso de la conciencia
(Trilogía Némesis, Tomo III)

Diseño de portada:
José de Jesús Valle García

ISBN: 9788460858140
Primera Edición, febrero 2016

Trazos

En esta tercera novela de la Trilogía Némesis, Jaime de Casas Puig (Madrid-1956) continúa su carrera de escritor que conjuga, en sus tiempos de ocio, con su dedicación a la poesía y a la música, sus actividades más queridas.

Antaño ejerció como secretario de ayuntamiento en diversos pueblos de Cuenca y Ciudad Real, provincias de la profunda, a veces ingrata, diversa, sectaria, entrañable y, a pesar de todo, siempre amada piel de toro—, en la que él considera su etapa más enriquecedora desde el punto de vista humano.

Más tarde fue abogado, empresario autónomo, y funcionario del Estado en la Biblioteca nacional de España, el Museo Nacional Centro de Arte Reina Sofía, la Embajada de España en México y últimamente en el Ministerio de Educación, Cultura y Deporte, Jaime acariciaba desde hace tiempo la idea de escribir sobre la Segunda Guerra Mundial, volcando en los libros sus conocimientos, su experiencia de vida y su visión sobre diversos temas que, a pesar del tiempo transcurrido desde la finalización del conflicto, siguen siendo de gran interés en la actualidad, como se ve a diario en las casi siempre malas noticias que nos ofrece el sistema.

En este tercer y último libro de la trilogía, surge la institución del proceso judicial, revestido de la solemnidad y gravedad habituales, frente a las simples ansias de Justicia con mayúscula de unos "Juan Nadie", idealistas o ilusos, como quiera llamárseles. En el marco de la técnica jurídica y las artimañas procesales, se entremezclan la comicidad, el histrionismo, la violencia, la falta de escrúpulos, la cobardía, el desánimo y los azares del destino, pero también la esperanza, y la confianza en la verdad. En esta amalgama compleja e infernal, es a veces inevitable la comparación con tiempos e incluso personajes actuales.

De nuevo, como ocurre en las dos anteriores entregas de la saga, el autor no habría podido escribir su tercer libro sin cosechar en la vendimia de lo vivido. La bodega de los recuerdos, aunque distorsionados inevitablemente por el paso del tiempo, nutre la imaginación del escritor en su viaje difícil por la senda de la creación. En especial, su experiencia como empleado de banca, abogado, secretario de ayuntamiento y últimamente funcionario del Estado, han sido baluartes esenciales para poder abordar esta tercera etapa.

Nota del autor

Querido lector, la presente novela, "El peso de la conciencia", es la tercera de la trilogía Némesis, que se inicia con "La guerra del capitán Meinhof" y continúa con "La conjura de los vencidos". Cada obra es autónoma y puede ser leída de forma independiente, toda vez que en la segunda y tercera novelas he introducido, como si se tratase de un primer capítulo, una breve recapitulación de lo anterior.

No obstante, con el fin de disfrutar más de la lectura y de todos sus matices y personajes, recomiendo empezar por la primera novela de la trilogía. De esta manera se enriquecerá sin duda la comprensión y el conocimiento de una época tan apasionante como las décadas de los años 30 y 40 del siglo XX.

En cada capítulo, con el ánimo de dar más fuerza al texto, he optado por emplear algunas palabras alemanas y francesas. Pero el lector no debe de incomodarse, pues en la mayoría de los casos la traducción acompaña a cada palabra extranjera mediante paréntesis o guiones. He preferido no utilizar notas a pie de página para mantener el ritmo de la lectura.

Muchas gracias

Agradecimientos

El contraste de opiniones, con humildad, es fundamental para aprender, corregir y tratar de mejorar la calidad de una obra. En esta etapa, he tenido de nuevo el apoyo de Ana Elías, Pedro Barbabosa Escudero, Francisco Alcalá Barba, Francisco Gallegos Franco y Anny Alejandre Cortés.

A ellos se une ahora Eva Gómez Orozco, maestra, escritora y periodista del Diario De Los Altos (Tepatitlán de Morelos) a quien agradezco sus palabras. Junto a ella, también han realizado valiosas aportaciones tanto en esta novela como en las anteriores, dos amigos de España cuyas certeras apreciaciones y consejos fueron de gran ánimo y ayuda: el abogado y deportista Ramón Gómez Rager y mi compañero de oposición del Cuerpo de Gestión de la Administración Civil del Estado, Alfredo Asensi.

Por último en esta primera edición en España, también es de justicia destacar la ayuda que me ha prestado Ander Barinaga-Rementeria Arano, gestor de la industria cinematográfica.

A todos ellos agradezco sus aportaciones que he tratado de integrar en La conjura de los vencidos

Madrid, a 14 de enero de 2016

El autor

6

Prólogo

La presente obra de Jaime Ángel de Casas Puig que dentro de la Trilogía Némesis es el Tomo III; y cuyo título *El peso de la conciencia* es a la par de los otros títulos un compendio donde el autor nos lleva a conocer el intrínseco perfil de cada uno de los personajes que con exquisita estructura literaria aunado al dominio de datos históricos de la Segunda Guerra Mundial como columna vertebral de esta historia, nos muestra con qué autoridad, de Casas Puig desarrolla su hacer y quehacer histórico/literario.

La estructura narrativa en este tomo cuenta con elementos geográficos y políticos que invariable e irremediablemente nos llevan a recordar los crímenes de lesa humanidad que se cometieron tanto en Ucrania como en Alemania, Polonia, Francia y Austria y que el autor, al darles revestimiento literario hace de esta novela, un material de un valor no únicamente literario, también histórico.

La sencillez gramatical de esta pieza surge del conocimiento del lenguaje escrito que posee el autor, quien con deliberado discernimiento nos lleva de la mano a situaciones y lugares con personajes, que nos los presenta como actores de su historia, como los arquetipos que se sitúan en el lugar y tiempo exacto para dar contemporaneidad a esta trama. Es notorio también, el dominio del idioma alemán por parte del escritor; y que en esta Trilogía es parte medular.

Uno de los elementos catárquicos para la humanidad que con asombro fue testigo del florecimiento y empoderamiento del nacionalsocialismo en Alemania fueron los juicios posteriores, que verdaderos o ficticios, aliviaron las conciencias de quienes reprobaron las acciones de Hitler y sus SS contra la población mayoritariamente judía y que preci-samente en esta novela el autor describe con suma destreza y claro conocimiento de causa, recreando de una manera por demás convincente el desenvolvimiento de un juicio.

La parte femenina, tan esencial en el género novelístico, se hace presente en la persona de Érika, una voluntariosa adolescente, que como todo joven alemán es indoctrinada en el hitlerismo y que a lo largo de la historia los avatares del destino la llevan a confrontarse con lo que fue su formación ideológica.

La naturaleza humana manejada en los personajes por el autor, es, sin duda, el perfecto maridaje entre personaje/lector. Hay una sincronía de emociones, la identificación surge en momentos álgidos, la magia ocurre, hay de repente la urgencia de proteger a David, de pinchar las mejillas de Arthur Schneider, de darle un aplauso a Salomón Tauber, poner tachuelas en la silla del juez Otto Schelner, mandar a Siberia a Kurt Peckmann, de hacer más presenta a Bukovsky y hay deseos de que surgieran más Wilhelm Meinhof en cada lugar que se necesitase hacer justicia.

La universalidad de esta obra, aunado al hilo conductor de la trama que es el cargamento de veinticinco cajas con lingotes de oro, los conflictos que se desarrollan a lo largo de la historia plagada de datos históricos, el desenvolvimiento adecuado de personajes, la narrativa y el sutil toque personal del autor hacen que el título sea, per sé, de un atávico simbolismo.

El peso de la conciencia, que nos invita a no permitir más hegemonías de pureza étnica, ni de ideología, ni económica, ni política.

No más noches de los Cristales Rotos, no más Velódromos de Invierno, no más Auschwitz, no más exterminio.

El peso de la conciencia, excelente colofón de la Trilogía Némesis.

Elba Gómez Orozco

Periodista del Diario de los Altos

A Juan Nadie, ese ser anónimo, que aún sufrido y escéptico vive alegre en el presente y se deleita con la lectura

"Hay gente que cree que todo cuanto se hace poniendo cara seria es razonable" (Georg Christoph Lichtenberg 1742-1799)

Recapitulación

Primera novela de la trilogía: La guerra del capitán Meinhof

Aislada en el frente de Ucrania, la compañía 150, a cuyo mando se encuentra el capitán Wilhelm Meinhof (Willy), recibe el 12 de octubre de 1943 un cargamento de veinticinco cajas llenas de lingotes de oro, depositadas por un destacamento de las Waffen SS. Unos días después, el 15 de octubre, sin teléfono y sin radioemisora en la posición, Willy, tras consultarlo con su hombre de confianza, el sargento Klaus Zimmermann, decide enviar al soldado Hans Witzcke, el más capaz, al cuartel general. La misión consiste en recabar órdenes sobre la retirada de la compañía ante la ofensiva soviética, y sobre el transporte del ingente depósito de oro.

El 16 de octubre, de camino al *Hauptkommando* —el cuartel general— Hans se topa con una granja donde está acuartelada una compañía de las SS perteneciente a la división Leibstandarte SS Adolf Hitler. Al mando de la unidad se halla el *Hauptsturmführer* —capitán en las Waffen SS— Kurt Peckmann, que se hace cargo de las órdenes. Consultado el alto mando de las SS, se le ordena dirigirse, con el soldado Hans, a la jefatura del regimiento del ejército regular, cuyo jefe es el coronel Ludwig von Heusenberg. Éste, un militar y aristócrata prusiano de la vieja escuela, debe refrendar las órdenes de las SS para el transporte del oro. Pero la evacuación y el transporte del metal deben retrasarse hasta el día siguiente a las nueve de la noche, pues las Waffen SS deben participar en la operación. La brutalidad de la orden y los modales del SS provocan una fuerte discusión. El coronel Von Heusenberg se comunica entonces con su superior, el general Eberhardt.

Éste confirma las órdenes que le ha dado el SS, y Ludwig en contra de su voluntad, no tiene más remedio que aceptarlas y retrasar la evacuación de sus hombres.

De vuelta a la granja donde se encuentra la compañía de las SS, el capitán Peckmann se hace cargo de un prisionero ruso, un teniente coronel, y decide llevarlo, él mismo, al cuartel general en una moto con sidecar. El soldado Hans se quedará esperando su vuelta en la granja. Transcurridas ocho horas y ya anocheciendo, el capitán regresa y relata como el prisionero se le ha escapado en una escaramuza que ha tenido lugar con los rusos. Luego se dirige con Hans a la posición que ocupa la compañía 150 para entregar al capitán Meinhof las órdenes del coronel Von Heusenberg. Alcanzada la posición, el capitán Meinhof, a petición de Peckmann, le enseña a éste el lugar donde se encuentra escondido el metal precioso.

En la mañana del 17 de octubre, ante la calma reinante y la expectativa de evacuación a las nueve de la noche, Willy y el soldado Albert Bukovsky parten hacia una aldea que está a 4 km de la posición. Se trata de recuperar la moto que Peckmann y Hans Habían escondido allí el día anterior. Tras diversas dificultades, consiguen ponerla en funcionamiento y se montan en ella, pero al salir de la aldea, estalla una mina que está a punto de matarles. Entretanto, en el promontorio que ocupa la compañía 150, un inesperado ataque de los rusos está teniendo lugar. El *Hauptsturmführer* Peckmann que en ausencia del capitán Meinhof se ha quedado al mando de la compañía junto con el sargento Zimmermann, reacciona de forma insólita: se queda paralizado y no toma ninguna decisión. Ante la gravedad de las circunstancias, Zimmermann y otros suboficiales le exigen que dé instrucciones para la defensa. Pero, muy al contrario, aquél ordena a la compañía que se rinda sin luchar. La orden no es aceptada y el capitán de las SS es destituido del mando fulminantemente, iniciándose el combate con los rusos. En el transcurso de la batalla, el sargento Gerald Funke, uno de los hombres más queridos de la compañía, es abatido por el enemigo.

El final del combate coincide con el regreso del capitán Meinhof y de Albert Bukovsky a la posición. Willy es informado de la gran cantidad de bajas y de la actitud derrotista del capitán Peckmann, a quien va a ver, recrimina, y mantiene arrestado. A las pocas horas se produce el segundo ataque ruso, con terribles consecuencias, pues sólo 54 soldados de los 140 que componen la compañía, quedan en pie para seguir luchando. En medio de la crueldad de la guerra, se acepta una tregua propuesta por el mando soviético para recoger a sus muertos y heridos. Durante la misma se parlamenta, y los rusos ofrecen la rendición a los alemanes dándoles media hora para decidirse.

Willy vuelve a la trinchera alemana, abrumado por la inmensa responsabilidad que supone la decisión de continuar la lucha o capitular. Finalmente, después de reflexionar sólo, reúne a sus soldados y les consulta para que sean ellos quienes decidan. A las tres de la tarde del 17 de octubre de 1943, después de aceptar el enemigo las condiciones de rendición, los restos de la compañía 150 se entregan a los rusos.

Cuando los soldados alemanes son conducidos al cautiverio, el soldado Hans Witzke, cuya familia por parte de su madre es rusa, escucha la conversación del capitán Peckmann con un coronel soviético. A cambio de una parte del oro, el SS había revelado a los rusos el lugar donde se encontraba escondido el cargamento, junto con información relativa a la evacuación de la compañía y al transporte del metal precioso. Alertado el capitán Meinhof, éste, el sargento Zimmermann, el cabo Walter Schuhmacher y el soldado Bukovsky, se conjuran para guardar silencio sobre la traición de Peckmann hasta su vuelta a Alemania.

La vuelta a la patria, en enero de 1951, no produce los efectos esperados y Willy se sume en la depravación, comportándose de un modo extraño. Presa del vicio, el dispendio y la degeneración, la idea del suicidio le ronda constantemente en la cabeza. Como consecuencia de sus bajas pasiones, se ve internado en un hospital para veteranos de guerra en Hamburgo. Allí se encuentra con uno de sus camaradas, el soldado Walter, y allí conoce a la enfermera Ilse Zweig, por quien siente un vivo interés. En diciembre de 1951, restablecido de su enfermedad, regresa a su ciudad natal de Karlsruhe con su madre Editha y su hermana Erika. Pero un pensamiento le obsesiona...

Paralelamente a la trama principal, en esta primera novela de la trilogía Némesis se resume lo que ha sido la historia de la familia Meinhof en general, y de Erika Meinhof, la hermana del protagonista, en particular.

La familia materna de Wilhelm Meinhof es oriunda de Viena, desde donde a finales del siglo XIX emigran sus abuelos hacia Karlsruhe, una ciudad del sur de Alemania perteneciente al Ducado de Baden. Allí, Editha, la madre de Willy y Erika, conocerá a Gustav Meinhof, su padre. Éste es un hombre que se ha hecho a sí mismo prácticamente en la calle, al quedarse huérfano a los doce años y tener que cuidar de su madre y de su hermana Brunhilde.

Gustav y Edith contraerán matrimonio en 1913 y luego sufrirán frente a los avatares de la época: la Gran Guerra, de 1914 a 1918; la etapa de la hiperinflación; la bonanza económica de los años 20; la gran depresión provocada por el crac de Wall Street de 1929; y el resurgir de Alemania a la sombra del nacionalsocialismo de Hitler. Tienen dos hijos, Wilhelm y Erika. A todos ellos afectará el adoctrinamiento nacionalsocialista. Willy y su padre Gustav se declararán claramente en contra, pero la pequeña Erika, que nace en junio de 1925, es presa fácil del proceso ideológico nazi. Gustav no podrá impedirlo, pues muere de un infarto en agosto de 1939, sólo un mes antes de iniciarse la Segunda Guerra Mundial.

En junio de 1941, Erika Meinhof, con 16 años, es enviada por su madre a París, para desintoxicarla de las doctrinas del régimen y aprender el idioma francés. En la ciudad de la luz, Erika vivirá con tía Elsa, una mujer independiente, muy avanzada para la época, y amiga de su madre desde la infancia.

Durante su estancia en París, conocerá a David Goldenberg, un niño judío de ocho años, y a la familia de éste. El fruto de este encuentro y del contacto con la cultura judía será su metamorfosis ideológica. Erika madurará aceleradamente al ir descubriendo la deshumanización y crueldad del régimen. La doctrina nacionalsocialista, que prácticamente había mamado desde pequeña cuando con ocho años entra a formar parte de la *Bund Deutscher Mädel*, rama femenina de las Juventudes Hitlerianas, se desmoronará poco a poco. Las acciones sistemáticas, que se llevan a cabo en contra de los hebreos en su vida diaria, irán desencantándola y pondrán en cuestión su adhesión al movimiento hitleriano.

***

Segunda novela de la trilogía: la conjura de los vencidos

Las navidades de 1951 son un gozo para Willy que desde 1942 no había podido celebrarlas en familia. Pero en los albores del nuevo año, no puede resistirse a planear su venganza contra el ex capitán de las Waffen SS, Kurt Peckmann. Por ello, decide reunirse con sus antiguos camaradas de la compañía 150. El ansiado reencuentro se produce el 20 de enero, en un hotel de Núremberg. Allí, junto con 33 antiguos soldados, rinde homenaje a los caídos y desvela la traición de que fueron objeto en la guerra y que causó la muerte de muchos de sus hombres. Luego les pide su apoyo y participación en una operación conducente a que el traidor se pudra para siempre entre rejas. En los días posteriores, la respuesta de la gran mayoría de los supervivientes de la unidad es positiva. Su propia familia, aunque con reticencias, e Ilse, su novia, le manifiestan también su apoyo. Mientras tanto, en Duisburgo, Jagd und Freiheit —Caza y libertad—, una asociación cinegética, que es también tapadera para antiguos miembros de las SS, celebra una de sus reuniones anuales. A ella asiste Peckmann, uno de sus más prestigiosos miembros, que es además un acaudalado y exitoso empresario de la construcción, casado con una aristócrata prusiana de rancio abolengo.

En el transcurso del mes de marzo de 1952, Klaus Zimmermann localiza el paradero del SS. Inmediatamente se lo comunica a Willy, y le facilita el dosier que ha elaborado la agencia de detectives que han contratado. Willy, por su parte, le comunica la buena nueva a Ilse, pero ésta no manifiesta ningún entusiasmo y se reserva ayudarle en la operación que han bautizado con el nombre de Némesis. Él, frustrado y enfadado, la deja plantada.

A principios del mes de abril, los cinco miembros más allegados al ex capitán Willy Meinhof se reúnen con él para repartirse los roles de la investigación. Fruto de ello es la visita que Albert Bukovsky y Klaus Zimmermann hacen a los bajos fondos, donde se ponen en contacto con un Barman de uno de los antros seleccionados. Éste conoce a un tal Jürgen Cara Cortada, a quien puede interesar el asunto. Cara cortada les recibe y ellos le proponen que consiga pruebas contra Peckmann (sobre la fundición y sus transacciones con los lingotes de oro). Éste les dice que ya les avisará, sin comprometerse a nada. Por su parte, a Thomas Schulze, un antiguo sargento de la compañía 150, se le encomienda la búsqueda de información sobre los negocios de Peckmann. Como consecuencia de sus pesquisas, visita la sede social de la empresa de éste, una constructora de departamentos, donde es recibido por el propio ex *Hauptsturmführer* (capitán) de las SS, que no sospecha nada.

Entretanto, Ilse, que ha estado reflexionando sobre lo que debía de hacer, decide por fin prestar su apoyo a Willy y juntos, fingiendo ser otras personas, se introducen en la fiesta que el 17 de mayo dan los duques Von Lichtenwald, en un castillo cercano a Duisburgo. Allí se van a encontrar con Peckmann y su esposa aristócrata, Leni von Holdendorf, con quienes congenian, invitándoles estos a su mansión de Duisburgo para platicar sobre la creación de una asociación de carácter benéfico.

La semana siguiente, una vez en el caserón suntuoso de los Peckmann, Willy, aprovechando la ausencia del ex SS, investiga en el despacho de éste mientras Ilse platica con Leni. Pero no encuentra nada y casi es sorprendido husmeando al regresar el empresario de su trabajo. El balance, sin embargo, es positivo, pues la entrevista de Ilse, que lo pasa muy mal, proporciona información valiosa. A mediados de junio, Willy, Klaus y Albert, son citados por fin por Cara Cortada.

Éste les comunica que ha encontrado un testigo de la fundición del oro. Les pide, a cambio, 360.000 marcos para él, y 80.000 para el testigo de cargo. Tras muchas dificultades, la *Nemesisverein* –la asociación Némesis, donde se ha integrado gran parte de los supervivientes de la compañía 150– consigue juntar un total de 400.000 marcos. Cara Cortada, en una nueva reunión a finales del mes de agosto, rechaza inicialmente la rebaja, pero luego, en medio de amenazas y de una escena violenta, acaba por aceptarla. A principios del mes de septiembre, cuatro miembros de Némesis se encuentran por última vez con el hampón, para pagar y recibir la declaración de un tal Roland Gross, el testigo que dice haber trabajado en el taller de joyería adonde Peckmann trajo su oro.

A primeros de noviembre de 1952, después de presentar la denuncia contra Kurt Peckmann ante la fiscalía del palacio de justicia de Dúseldorf, *ODESSA*, la organización de los antiguos pertenecientes a las SS, se entrevista con la *Nemesisverein* para que cese en sus intenciones de procesar a aquél, pues los ex SS no quieren ninguna publicidad. Tras agrias discusiones, Willy y sus camaradas convencen al jefe regional de *ODESSA* para que las cosas se queden como están. La sesión se levanta pero, al día siguiente, dos ex SS, que no están de acuerdo, intentan acabar con la vida de Willy y de los camaradas que le acompañan: Albert Bukovsky y Waldemar Simka. Les tienden una emboscada en el bosque de Teutoburgo, pero fracasan, y los dos miembros de la organización nazi perecen en el intento.

Antes de iniciarse el juicio contra el ex *Hauptsturmführer* Peckmann, Willy visita a la viuda del que fue su coronel, Ludwig von Heusenberg, para rendir homenaje a éste, destacando sus virtudes y la humanidad que demostró mientras estuvo al mando del regimiento.

***

Primeras escaramuzas

Durante el Nacionalsocialismo, la independencia del poder judicial y de sus miembros, los jueces, fue abolida y sustituida por una pléyade de funcionarios sometidos a la nueva doctrina y encuadrados en el Ministerio de Justicia. Hitler, ya en 1933, apenas alcanzado el poder, tomó las disposiciones necesarias para expulsar de la Administración a los funcionarios no afectos al régimen. El fundamento jurídico de esta nueva política, un ejemplo más de la *Gleichschaltung* —El proceso de sincronización—, es proporcionada por la *Gesetz zur Wiederherstellung des Berufsbeamtentums* —Ley de la Restauración de la Administración Pública—, promulgada el 7 de abril de 1933. En síntesis, esta norma decretaba que los funcionarios y empleados que no fuesen de ascendencia aria, así como aquellos políticamente no fiables, serian excluidos de la Administración Pública.

La separación de poderes había desaparecido y tanto el legislativo, como el ejecutivo y el judicial, eran un fiel reflejo del *Nazionalsozialistische Deutsche Arbeiterpartei* —el Partido Nacional Socialista de los Obreros Alemanes—.

En palabras del Ministro de Justicia de Baviera y Presidente de la Academia de Leyes Alemana, Hans Frank, no existía ninguna independencia de la Ley respecto del nacionalsocialismo. Mantenía que: *"los jueces, en cada decisión que adoptasen, debían preguntarse cómo actuaría el führer en su lugar y si la decisión era compatible con la conciencia del pueblo alemán"*.

Unos magistrados no sometidos al Gobierno era algo muy peligroso para los jerarcas nazis y para toda la organización. En estas circunstancias y especialmente en los casos próximos a los círculos del poder, obtener un juicio justo sin interferencias políticas era algo muy difícil. Lo que imperaba sobre todo era la *Razón de Estado*. Este concepto, omnipresente en la Alemania nazi, permitía cometer todo tipo de desmanes y que sus causantes, en su inmensa mayoría, quedaran impunes incluso después de la guerra.

Lo cierto es que el cerco y la manipulación del poder judicial es una constante en la mayoría de los regímenes, incluso paradójicamente en los más democráticos, donde por sistema se trata de influir velada o descaradamente en la actividad de los jueces y magistrados, cuando estos enfilan a los que detentan en un momento dado el poder, sean del signo que sean. Además, estos tratan de blindarse frente a los órganos judiciales con distintos mecanismos como una extensión abusiva de la inmunidad parlamentaria o el goce de privilegios que impiden aplicarles las mismas reglas procesales y penales que al resto de los ciudadanos. Sólo las democracias más serias y consolidadas consiguen mantener a flote la independencia de los juzgadores, frente a la intensa presión de la cúpula política. En el caso de las dictaduras, la solución contra la independencia del poder judicial es clara, rápida y radical.

En la Alemania nazi, además del adoctrinamiento y depuración de los funcionarios del aparato judicial, el más fiel exponente de la politización radical de las instituciones forenses fue el establecimiento, a instancias de Hitler, del *Volcksgerichtshof* —el Tribunal del Pueblo—. Así, al año siguiente del ascenso democrático al poder del *Führer*, la *Gesetz zur Änderung von Vorschriften des Strafrechts und des Strafverfahrens* — Ley para la modificación de la normativa del Derecho y del Procedimiento Penal —, de 24 de abril 1934, lo instituyó en toda Alemania. El Tribunal del Pueblo se creó originariamente como una jurisdicción especial, al margen del resto de los tribunales y juzgados. Luego, en 1936, se convirtió en ordinaria, con competencia para enjuiciar los delitos de alta traición y lesa patria. En realidad constituía un órgano político cuya misión consistía en castigar las ofensas al nacionalsocialismo y a Hitler.

Compuesta cada corte o senado por dos jueces profesionales y tres populares, su actividad fue frenética y muy eficaz: alrededor de 18.000 personas fueron procesadas y se dictaron más de 5.000 sentencias de muerte. El carácter criminal de estos tribunales quedaba patente en las siguientes normas: sus fallos no eran recurribles ante ninguna instancia; el letrado elegido por el acusado tenía que recibir el beneplácito del tribunal; el escrito de acusación se daba a conocer al acusado y a su abogado unas pocas horas o, como mucho, un día antes del juicio oral; se prohibía todo contacto entre el abogado y el cliente antes de la vista, etc.

La derrota de Alemania implicó la abolición de las normas jurídicas nacionalsocialistas y una profunda refundación del sistema judicial, con el restablecimiento del principio de separación de poderes. La Ley Fundamental de Bonn, Constitución de la República Federal de Alemania promulgada en mayo de 1949, consagraba la independencia de los magistrados. En el ámbito penal, la piedra de toque de la reforma consistió en la Ley de 12 de septiembre de 1950 que restablecía, convenientemente adaptada, la legislación anterior al nazismo. En cuanto al Tribunal del Jurado, se repuso la reforma impulsada en 1924 por el entonces Ministro de Justicia Preminger. Ésta establecía, para determinados delitos, un sistema de jurado escabinado que se componía de jueces profesionales y no profesionales.

En lo referente a la pena de muerte, la Constitución de 1949 la había abolido expresamente y unos años después fue eliminada formalmente del *Strafgesetzbuch* —el Código Penal instaurado por el canciller Otto von Bismarck y aplicado en Alemania desde 1871—. En consecuencia, a partir de la entrada en vigor de la Ley de Leyes, la cadena perpetua se convirtió en el máxima castigo aplicable en el país germano.

**

El proceso penal, dirigido contra el ahora flamante empresario y antes *Hauptsturmführer* —grado equivalente a capitán, en las Waffen SS— de la división *Leibstandarte SS Adolf Hitler,* se inició con una denuncia presentada en el palacio de justicia de Dúseldorf ante la Fiscalía del Land — Estado federado— de Renania del Norte Westfalia, a finales de octubre de 1952. Por indicación del abogado, el escrito había sido firmado por algunos integrantes de la *Nemesisverein* —Asociación Némesis— que no iban a ser propuestos como testigos para comparecer en la causa.

Como Willy había previsto, la información no tardó en filtrarse a los medios de comunicación, ávidos de noticias sensacionalistas, y corrió como la pólvora. Los principales diarios y las cadenas de radio destacaron a periodistas y locutores para ocuparse del seguimiento del juicio y tratar de entrevistar a sus protagonistas. Pero en la asociación Némesis, todos tenían muy claro que el proceso no debía convertirse en un circo, en un folletín sensacionalista por entregas, como ocurre a veces, simplemente estaban indignados y reclamaban el castigo del traidor Peckmann, como justo desagravio a los camaradas que no habían podido contarlo y a sus familias.

En 1952, al no haberse refundado todavía el ejército alemán y no existir tribunales militares, que de todos modos hubieran sido de dudosa competencia para entender de un hecho ocurrido en unas fuerzas armadas que ya no existían, la vía propia para reclamar justicia era la jurisdicción ordinaria. En este caso, correspondía juzgar a los tribunales penales, que es hacia donde se dirigió la petición de procesamiento.

Ante la gravedad y consistencia de las acusaciones y tras una serie de diligencias previas, la Fiscalía de Dúseldorf no tuvo más remedio que proponer el procesamiento del denunciado. Una vez constituido el jurado del *Landsgerichtshof* —el Tribunal del Estado Federado—, el inicio del juicio oral se señaló para el miércoles 15 de abril de 1953, una fecha nada tardía, dada la característica y proverbial lentitud de los procedimientos judiciales.

Para el procesado, la denuncia, a pesar de la gravedad de los presuntos delitos de que era acusado, no llevó aparejada su detención. Pero lo que no pudo evitar fueron las noticias difundidas por los medios, desbaratando sus planes de vida y sumiéndole en una honda preocupación que difícilmente podía disimular. Finalmente, la citación para el juicio le llegó a finales de febrero de 1953. ¿Cómo le podía ocurrir eso a él?, un empresario de éxito, un avanzado de la nueva Alemania, un filántropo de su comunidad. Pensaba que su pasado estaba enterrado y bien enterrado; lo último que se le podía pasar por la cabeza es que algunos quisieran revivir algo que él había tratado de olvidar y anular de su mente.

En estado de *shock* y sin compartir con nadie la noticia, Kurt Peckmann desapareció unos días de la circulación. Como si se hubiese evaporado, nadie sabía dónde estaba; ni su propia mujer, ni sus amigos, ni los empleados de la empresa. Lo cierto es que, delibera-damente, se había alojado en un hotel poco conocido de la Selva Negra, lejos de Duisburgo. Allí, apartado del mundanal ruido, donde nadie le podía reconocer y el ambiente era muy tranquilo, se entrevistó con el famoso abogado Arthur Schneider.

Este letrado destacaba por su eficacia en la defensa de todo tipo de grandes criminales... y por el lujoso tren de vida que llevaba. Arthur Schneider era uno de los mejores abogados penalistas del Land. Sus grandes éxitos en el foro estaban a la par con sus desmedidos emolumentos. Declarado inútil para el servicio militar, por un problema de espalda, se había volcado en el desarrollo de la mente, en el estudio y en las relaciones personales, como medios eficaces para ascender en la escala social y económica y alimentar su gran autoestima. Había iniciado su actividad forense antes de la guerra. Pero durante el conflicto, Arthur abandonó deliberadamente el ejercicio profesional, pues no se sentía identificado con un régimen que se saltaba a la torera y sin ningún miramiento las garantías procesales; eso era más de lo que él podía soportar. A Dios gracias, su familia regentaba un boyante negocio de pompas fúnebres, que multiplicó sus beneficios exponencialmente en los años posteriores.

De 40 años de edad, su cuerpo rechoncho se había ido abombando con los años hasta convertirse en algo parecido a un globo aerostático de donde pendían brazos y piernas. En su rostro, de frente despejada, unas facciones armoniosas y unos vivos y bellos ojos azules transmitían la impresión de una inteligencia superior. Su abundante pelo rubio y ondulado y su cuidada barba, rizada y canosa, le daban un aspecto de patricio romano y de serena dignidad. Arthur estaba casado con una profesora de canto del conservatorio de Duisburgo, de la que estaba profundamente enamorado y a quien consentía todos sus caprichos —nada baratos... por cierto—. Sus conocidos dudaban de la sinceridad de los sentimientos de su esposa, una belleza delgada que enseñaba demasiado y levantaba la admiración de todos los que se cruzaban a su paso. El matrimonio tenía dos hijas y vivía en una de las zonas más caras de la ciudad. Dotado de un carácter meticuloso y perfeccionista, Arthur era un gran aficionado a la filatelia y a las colecciones de insectos disecados, especialmente de mariposas y coleópteros, campos en los que al abogado se le reconocía como un gran experto.

— ¡Es inaudito!, *Herr* Schneider. ¡Esto no puede seguir adelante! ¡Será la ruina de mi empresa, de mi familia!, ¡el mayor descrédito público! —exclamó Peckmann, mientras con su pañuelo limpiaba el sudor abundante que perlaba su frente y su nuca.—Conservemos la calma, señor Peckmann. Lo único que hay es una denuncia criminal y, por lo que veo, se refiere a unos hechos que habrá que probar. Según lo que usted me ha relatado, va a ser muy difícil. Por supuesto —añadió muy profesionalmente—, yo creo en su inocencia y voy echar toda la carne en el asador para demostrarla.

—Gracias, Arthur, a partir de este momento me pongo enteramente en sus manos.

En este momento, el abogado, que no dejaba puntada sin hilo, ajustándose el nudo de su corbata y sonriendo con cara de simpático gordinflón, aprovechó la ocasión que se le ofrecía:

—Obviamente... mis honorarios serán importantes. Aquí tengo el contrato que he redactado —dijo entusiasmado al tiempo que extraía un documento de su elegante maletín de fina piel de lagarto—. Como verá, la provisión inicial de fondos asciende a...

—¡No se preocupe! —le cortó secamente Peckmann a quien en ese momento lo que menos importaba era el dinero—. En ese aspecto, conmigo no va a tener ningún problema.

—Entonces, a partir de hoy, nos ponemos manos a la obra —afirmó el abogado, muy reconfortado por las últimas palabras de su defendido que le sonaron a música celestial—. Lo primero que ha de hacer es no alterarse en absoluto, volver a su trabajo y con su familia; como si nada hubiera pasado. Usted ahora no puede perder los nervios; sólo conseguiríamos llamar más la atención y sembrar dudas sobre su inocencia.

— ¿Entonces, qué me está sugiriendo?, ¿que me quede de brazos cruzados?

—No, sólo que no debe sacar las cosas de quicio, sino tranquilizar a su mujer, a sus empleados, a sus conocidos, y que si le proponen una entrevista, debe acudir a ella con la mayor naturalidad. Por supuesto, tendré que filtrar previamente las preguntas que le hagan. También prepararemos las respuestas y siempre fingiremos la mayor espontaneidad.

—Señor Schneider, ¿ve el tema con optimismo?

—Sí, hasta cierto punto. La denuncia de sus enemigos parece basarse únicamente en pruebas indiciarias o circunstanciales, en lo que en el argot judicial denominamos pruebas indirectas. Ya veremos luego lo que proponen. Además, pidiéndose la máxima pena de prisión, el jurado tiene que andarse con pies de plomo pues debe estar muy seguro antes de emitir su veredicto.

—¡Pero es que no hay nada, Arthur! —exclamó Peckmann, aparentando la mayor y más sólida convicción—. Toda esa patraña del oro y de mi pacto con el enemigo es una invención de unos fracasados en la vida, de unos hombres acomplejados y envidiosos, que no aceptan la gloria y el éxito ajenos.

—Eso es precisamente lo que tenemos que tratar de hacer ver al jurado; que la denuncia es pura ficción; que lo que se pretende, sin fundamento, es cargarle con unas muertes y con un robo de lingotes de oro, que usted nunca perpetró. En cualquier caso, nuestra posición es más cómoda, pues el proceso está sometido al principio de la presunción de inocencia. Son ellos los que soportan la carga de la prueba, los que tienen que demostrar su responsabilidad en los hechos y, créame, no lo tienen nada fácil.

—Me tranquiliza usted, Schneider; pero comprenda mi estado de nervios... y de indignación, ¡después de todo lo que me ha costado levantar la empresa!

—Sólo hay una cosa que nos puede dañar un poco, aunque también es indiciaria: se trata de su actuación el 17 de octubre de 1943, el día del ataque de los rusos a la posición de la Compañía 150.

— ¿Qué está insinuando?—No, yo no insinúo nada, ¡ellos van a insinuar! Ahí debemos tener mucho cuidado y ya está usted buscando testigos o algo a lo que agarrarnos. Deberá demostrar que su actuación fue en todo momento correcta, con arreglo a la situación del momento y a las leyes militares o, cuando menos, moralmente justificada.

**

La situación del lado de los acusadores era muy distinta. Por fin estaban empezando a saciar su deseo de justicia para unos, o de venganza para otros. Lo primero que había que hacer era agenciarse un buen letrado. Después de entrevistarse con varios candidatos, pues en el tema de la selección se andaban con pies de plomo, Willy y Klaus decidieron ponerse en manos de uno que no les había deslumbrado con un magnificente despacho o por su labia, pues a menudo algunos abogados, para atraer al cliente, actúan como verdaderos charlatanes de feria y vendedores de humo. Se trataba de alguien más bien discreto; compartía oficina y secretaria con otros compañeros del foro y sabía escuchar sin levantar falsas expectativas.

Albert Hofmann, aunque un tanto heterodoxo, era considerado como un buen profesional en las causas más complicadas. Tenía 33 años recién cumplidos, y ya atesoraba una cierta experiencia en el foro, tanto en el *Amtsgericht* —El Tribunal de Primera Instancia—, como en el *Landsgericht* —La Audiencia Territorial del Estado Federado—. En la jurisdicción penal era conocido por su capacidad de convicción frente a los miembros no profesionales del jurado, a quienes sabía dirigirse adecuadamente... y seducir. Por otra parte y a diferencia de muchos de sus colegas, Hofmann se permitía el lujo de no admitir todo lo que llegaba a su despacho. Sus decisiones a este respecto obedecían a criterios morales y, en especial, auna arraigada fe cristiana que él no ocultaba. Esta actitud había provocado la mofa de algunos de sus compañeros, los

27

que no entendían esos remilgos, los que estaban atenazados por la necesidad, o consideraban que la Abogacía consistía fundamentalmente en picar pleitos y enriquecerse a toda costa, cualesquiera que fuesen las posibilidades de éxito. El precio que tenía que pagar por actuar virtuosamente era el de vivir con cierta modestia, pero con la conciencia tranquila, algo que para Albert era muy importante.

Willy y Klaus también habían valorado otro dato: el abogado había luchado en la guerra alcanzando el grado de teniente al mando de una unidad de paracaidistas. Entre otras acciones, había tomado parte en la campaña de Creta bajo el mando del general Student. Luego se había especializado en técnicas de comando formándose con el Coronel Otto Skorzerny, alias *Scarface*, famoso por el rescate de Mussolini en el Gran Sasso y por otras actuaciones que requerían una pericia y audacia especiales.

De mediana estatura, Albert, acostumbrado a los esfuerzos más extremos, tenía un cuerpo fuerte y fibroso. Sus orejas puntiagudas y el pelo lacio, con un flequillo que le caía sobre la frente, le daban un aspecto original y felino que no pasaba desapercibido. En sus ratos libres, practicaba la esgrima y la natación. Era un destacado deportista que compensaba sus actividades profesionales con mucha actividad física. Aficionado a la música, no sólo como oyente sino también como intérprete, había cursado estudios de piano y ahora estaba aprendiendo a tocar instrumentos de percusión como el jazzband. Hijo único y soltero, Albert Hofmann era también un romántico empedernido: pensaba que la princesa de sus sueños se le iba a aparecer un buen día y que, hasta entonces, tenía que esperar.

El planteamiento de Meinhof le había motivado mucho y no precisamente por razones crematísticas, pues conocía las dificultades económicas que atravesaba la *Nemesisverein*. En este caso había hecho una excepción en cuanto al cobro anticipado de parte de sus honorarios, de los que luego, una vez finalizado el juicio, platicaría con

Willy. Era su antigua condición de soldado lo que le había impulsado a prestar ayuda a ese puñado de locos que le caían simpáticos, y cuya osadía les llevaba a querer procesar y condenar a la máxima pena de prisión, nada más y nada menos que a un antiguo miembro de las SS, ahora un afamado, rico e influyente empresario del *Land* de Renania del Norte-Westfalia, el más poblado e industrial de Alemania.

Para Hofmann, lo que había hecho Kurt Peckmann era inconcebible. No cabía ningún paliativo para su conducta criminal y él, por su parte, iba a emplear todos sus conocimientos jurídicos y su trabajo para que aquél diera con sus huesos en la cárcel. Otra cosa... como en el fondo hubiera deseado, y también muchos en la *Nemesisverein*... no se podía hacer. Los tiempos y las formas eran distintos.

Ya a cargo del asunto, Albert se reunió con Willy y sus hombres de confianza, Klaus, Bukovsky, Schulze y Walter. El objetivo era disponer de toda la información posible sobre el caso y de los medios de prueba que se pudieran aportar. Al final de la reunión, la valoración que hizo no fue tan favorable como aquéllos esperaban:

—Ciertamente, está muy bien todo lo que han hecho; es encomiable —reconocía el abogado—. La información sobre la empresa del acusado, su casa, sus orígenes familiares y los de su mujer me van a ser muy útiles, sobre todo para preparar el interrogatorio del acusado y luego mis repreguntas. La documentación de la empresa y el informe de los detectives también nos sirven. Cuando su defensor vea las preguntas que vamos a hacerle, se va a quedar de piedra, y lo que es más importante: Peckmann no se va a atrever a negar gran parte de lo que ustedes me han contado.

—Señor Hofmann, ¿por qué nos mira entonces tan serio? —inquirió Klaus un tanto desconcertado.

—Lo que me preocupa es el medio que han utilizado

para obtener la información; se puede volver contra nosotros. Por eso, durante el proceso, no quiero ni una palabra de sus pesquisas personales, sus disfraces, sus estratagemas y sus engaños. En particular, de lo que me han contado sobre Cómo han conseguido que declare el principal testigo, el señor Roland Gross, no debe saberse nunca. Para mí, es secreto de confesión... Yo no he oído nada, quiero que esto quede claro desde el principio.

—Bueno —terció Willy—, lo más importante es haber llegado al conocimiento de algunos *aspectos interesantes* en la vida de Peckmann que van a ser aireados a lo largo del juicio, ¿no le parece, letrado?

—Sí, pero sobre todo, lo más importante es que han obtenido el testimonio de Roland Gross; eso marca la diferencia y espero que nos haga ganar el juicio. —concluyó el abogado.

**

Primer día del juicio

El miércoles 15 de abril de 1953, la Sala de lo Penal del palacio de justicia de Dúseldorf estaba atestada de público. La amplia difusión de los medios había creado una gran expectación. A la hora prevista, las once de la mañana, los seis miembros no profesionales y los tres profesionales que constituían el jurado se encontraban ya aposentados en sus respectivos asientos, detrás de la gran mesa que, situada encima del estrado, se elevaba frente al público como un verdadero altar de la justicia.

Las partes, es decir la acusación privada, representada por el abogado Albert Hofmann; la acusación pública, encarnada por el fiscal Julius Schmitt; y la defensa, dirigida por el letrado Arthur Schneider, se hallaban también presentes ocupando sus *puestos de combate*.

Por el contrario, los numerosos testigos que iban a comparecer permanecían todos incomunicados dentro de la estancia habilitada para estos menesteres en el palacio de Justicia, pues tenían vedado asistir al interrogatorio del acusado. Hasta que compareciesen en estrados y testificasen, no se les permitía tener contacto con los demás testigos, por lo que, cuando eran convocados, debían permanecer igualmente aislados. Prestados sus testimonios, tenían derecho a sentarse entre el público o abandonar la sala del juicio, con la prohibición terminante de ponerse en contacto con el resto de los testigos que todavía no hubieran declarado.

El magistrado, Otto Schelner, presidía el tribunal. Se trataba de un hombre delgado, de tez pálida y de mediana edad. Con una cabellera negra siempre engominada y el peinado hacia atrás, en su rostro afilado y triangular destacaban unas profundas ojeras, unos labios muy finos, apenas perceptibles, y una nariz puntiaguda y prominente. Cuando enfundaba su toga negra, de la que sobresalía un cuello largo y enjuto, Schelner daba la impresión de transformarse en una especie desconocida de cuervo o ave rapaz.

Antiguo abogado y ahora miembro de la judicatura, ningún mérito especial justificaba que Schelner hubiera tenido acceso a la carrera judicial. Ya antes de la guerra, había empezado a ejercer su profesión y, como muchos de sus compatriotas, tomado partido por las tesis nacionalsocialistas, requisito muy recomendable en aquel entonces para continuar en activo. Pero lo que de verdad catapultó su carrera durante la época nazi fue su apoyo decidido a la acción de los tribunales del pueblo, donde él se sentía a sus anchas, alineándose con las posturas más extremas de un régimen que vulneraba sistemáticamente los derechos de los acusados.

En estos *procesos penales*, más que una defensa, lo que hacía el abogado era compartir, a veces con algunos matices, las tesis del fiscal del *Volksgericht*. Esta actitud colaboracionista dejaba al pobre acusado, generalmente por traición a la patria, en una situación tan comprometida que lo único que le quedaba era rezar y, si no era creyente, cruzar los dedos confiando en la suerte y en el talante del jurado que le hubiere caído en gracia.

Su dedicación a ese prodigioso tribunal (!) le permitió librarse del frente. Para los jueces, era una delicia tener a Schelner en la defensa ensalzando las bondades del régimen y basando casi siempre su argumentación sobre el reconocimiento de la culpabilidad, el arrepentimiento y el propósito de enmienda del acusado, a quien el abogado ofrecía a los magistrados en sacrificio ritual. Esta táctica era sin embargo muy eficaz, pues Schelner conseguía a menudo evitar la pena capital y, encima, los procesados le estaban muy agradecidos. Pero ¡ay de aquél que pretendiese ser inocente! Entonces el abogado se desentendía pura y simplemente de la defensa, salvo cuando quería hacer méritos; en cuyo caso arremetía contra el pobre héroe que pretendía enfrentarse al tribunal. A pesar de la conservación de muchas actas de esos pseudojuicios y de ser sometido a un comité de desnazificación, a Schelner no le pasó absolutamente nada después de la guerra. Cuando se reiniciaron las labores judiciales, volvió a trabajar en el mundo del Derecho, esta vez ejerciendo funciones de magistrado, dada su excepcional (!) experiencia en la actividad forense.

—No me gusta nada —le había comentado Albert Hofmann a Willy, minutos antes de que se iniciara la primera sesión del juicio—. Con el juez Schelner... puede pasar de todo. Menos mal que la competencia en este tipo de procesos la tiene un jurado, si no, nos podríamos echar a temblar.

— Pero —inquirió Willy—, ¿qué problema hay con Schelner?

—Tiene fama de ser como un grano en el culo, algo que sólo podemos remover con la cirugía más radical, con la cauterización —le respondió Albert meneando la cabeza al tiempo que sonreía con cara de incredulidad.

—¿A qué se refiere concretamente?

—A que se trata de una persona sumamente antipática, distante, endiosada, y de lo más imprevisible. Nunca sabes por dónde te va a salir. Trata a la gente como si fuesen marionetas. Esto significa que no va a haber una buena comunicación durante el juicio. Lamento decírselo, pero es así... no le voy a engañar.

—¿Qué está sugiriendo entonces?

—Simplemente que durante la causa debemos de estar preparados para las decisiones y los comportamientos más raros, y prevenidos para que no se nos escamotee ningún medio de prueba. A este juez se le conoce por estimar y desestimar con criterios caprichosos. Por suerte, deciden varios, y siempre nos quedará la revisión del proceso.

—¡Pues cómo me levanta usted la moral!

—Bueno, a pesar de todo tenemos que ser optimistas y ¡ocuparnos!, no preocuparnos. Ahora, prestemos atención: el *show*, ejem... quiero decir, el juicio, va a empezar.

Molesto por la publicidad que se había dado al asunto, el juez Otto Schelner abrió la sesión dando varios fuertes y rabiosos golpes de martillo sobre la mesa y mandando, o mejor dicho, gritando a todos los asistentes que permanecieran en silencio. Cuando lo consiguió, inició su discurso:

—Como saben ustedes —declaró con su voz chillona y aguda—, hoy se ha constituido el Jurado del presente proceso con el cumplimiento de todas las formalidades legales y sin haberse producido ninguna impugnación de su nombramiento. En consecuencia, declaro abierta la causa promovida contra el señor Kurt Peckmann, presente en la sala.

"Se le acusa de haberse pasado al enemigo, el 16 de octubre de 1943, mientras prestaba servicios en el frente de Ucrania, con la finalidad de informarle sobre el depósito de un cargamento de 25 cajas de lingotes de oro, su emplazamiento, y su recuperación prevista por las fuerzas alemanas para el día siguiente a las nueve de la noche, pactando a cambio de dicha información la recepción de una comisión consistente en un porcentaje del metal precioso.

"Se le acusa de ser autor intelectual y cómplice en la muerte y las lesiones causadas a las siguientes personas (el juez leyó la lista de muertos y heridos de la Compañía 150), el día 17 de octubre de 1943, como consecuencia del ataque del ejército soviético a la Compañía 150 de la división de infantería número 4 de la Wehrmacht, perteneciente al Grupo de Ejércitos Sur en el Frente de Ucrania, al haberse producido dicho ataque gracias a la información que suministró al enemigo..

"En tercer lugar, se le acusa de la posterior apropiación indebida de una parte de los lingotes de oro, procedentes de la organización de las SS, como pago del pacto que había contraído con el enemigo.

"Las tres acciones, presuntamente conexas, se produjeron mientras el acusado se hallaba prestando servicios como *Hauptsturmführer* en la división *Leibstandarte SS Adolf Hitler* de las Waffen SS.

"La acusación ha sido promovida por las siguientes personas, todas ellas antiguos pertenecientes a la referida compañía de infantería —concluyó el juez, leyendo los nombres de los denunciantes.

Una vez planteado el proceso y después de dar lectura a los preceptivos pronunciamientos legales, Schelner preguntó al acusado si aceptaba los cargos y se declaraba culpable, a lo que éste, como cabía esperar, respondió rotundamente que no. En consecuencia, el presidente del tribunal decretó la prosecución del juicio oral dando paso al primer acto de la vista: los alegatos iniciales de la parte acusadora y de la defensa.

—Tiene la palabra, en primer lugar, el abogado de la acusación, a quien exijo la mayor brevedad. "Ya empezamos a tocar las narices —pensó Hofmann, que no pudo evitar dirigir una mirada seria hacia el presidente del tribunal, antes de iniciar su exposición".

—Con la venia del señor presidente, señores del jurado, nos reúnen hoy aquí unos hechos muy dolorosos, que a las personas honestas sólo pueden producir la máxima repugnancia y rechazo. A lo largo del juicio demostraremos que el acusado, el ex capitán de las SS, Kurt Peckmann, cuando prestaba servicios en el frente de Ucrania en octubre de 1943, conocía la existencia de un depósito de 25 cajas repletas de lingotes de oro, procedentes del asesinato y expolio de la población judía de Ucrania. Dichas cajas se hallaban depositadas en la posición que ocupaba la Compañía de infantería nº 150 de la Wehrmacht, a la que pertenecían los denunciantes.

"Demostraremos que en aquel entonces, el acusado traicionó y defraudó la confianza que habían depositado en él sus mandos, y en particular la referida compañía del ejército regular, informando y negociando con el enemigo unos ataques que permitieron a éste apoderarse del oro custodiado por la unidad alemana. El precio de la traición consistió en la percepción por el imputado de una parte del cargamento de oro.

"Demostraremos que la consecuencia de los dos combates que tuvieron lugar fue la aniquilación de gran parte de los hombres de la Compañía 150, las lesiones de otros muchos, y el sufrimiento de los supervivientes en los campos de prisioneros rusos. Las cifras no pueden ser más crudas y elocuentes: de los 140 hombres que integraban la compañía mandada por el capitán Meinhof, 70 murieron, 16 resultaron heridos graves y 10 leves, a causa directa de los ataques. Finalmente, de los 70 supervivientes de la unidad que fueron al cautiverio, sólo 38 hombres consiguieron volver de Rusia. Los demás se han quedado allí... para siempre.

"Demostraremos cómo, en 1946, el señor Peckmann, de vuelta en Alemania, transformó los lingotes de oro que había recibido fruto de su traición, en otros más pequeños y sin marcas de origen. Gracias a ello pudo iniciar un flamante negocio inmobiliario que alcanzando cifras anuales de cientos de miles de marcos, ha permitido al acusado adquirir notoriedad, prestigio e influencias, además de multiplicar su patrimonio.

"Lo que esta parte se propone, Señoría, señores miembros del jurado, es desenmascarar al acusado sobre la base de pruebas contundentes que, no me cabe la menor duda, ustedes valorarán positivamente y considerarán suficientes. Como consta en nuestra denuncia, solicitaremos la aplicación de la máxima pena que establece nuestro Código Penal: la cadena perpetua.

Llegado este momento, Albert Hofmann, que había mantenido su mirada fija en un punto indeterminado situado frente a él, volvió su cabeza hacia el presidente del tribunal. Después de fijarse en cada uno de los nueve miembros del jurado, hizo un gesto de asentimiento para dar más fuerza y coherencia a su discurso y concluyó:

—Señorías, unos crímenes ¡tan innobles!, deben ser sancionados ejemplarmente, evitando al mismo tiempo que el acusado siga enriqueciéndose sobre los cimientos de la traición, el dolor, y la sangre de 102 personas: los 70 soldados de la Compañía 150 que no sobrevivieron al ataque y los que, heridos y hechos prisioneros, no superaron la cautividad en los campos de concentración soviéticos. ¡Muchas Gracias!".

— Gracias, señor Heinzmann.

—Querrá decir, Hofmann, Señoría; ruego un poco de respeto para la defensa —reconvino el letrado que, en el fondo, lo que quería era tocar un poco las narices al presidente del tribunal, a quien ya conocía por haber tenido el *inmenso placer* de soportarle en un par de juicios anteriores.

—¡No le consiento ninguna insinuación, abogado! —le respondió Schelner a cara de perro—. Se trata de un simple error. Como comprenderá, no voy a conocer de memoria los nombres de todos los profesionales con los que tengo que tratar.

En realidad, el juez, a pesar de haber ejercido esa función forense, sentía una gran animadversión hacia los abogados, a los que, con excepciones, despreciaba. Su conversión de defensor en decisor le vino como anillo al dedo pues lo que de verdad cautivaba a Otto Schelner era ejercer su autoridad (!) de magistrado, con muy poca autocrítica y mucho egocentrismo.

Finalizada la intervención de la acusación privada, el presidente del tribunal cedió la palabra al ministerio fiscal.

—Tiene ahora la palabra la acusación pública.

Julius Schmitt, el *Staatsanwalt* —abogado del Estado—, que ejercía como fiscal en este tipo de juicios, era una persona más bien apocada, lo cual suponía una contradicción con la propia naturaleza del cargo que exigía gran energía y decisión. Sin embargo, al mismo tiempo, Julius era muy respetado en el Palacio de Justicia de Düseldorf, pues había sido depurado en la época de Hitler por sus protestas contra el estado de postración en el que se hallaba la Justicia, y por su oposición sincera a la creación de los Tribunales del Pueblo que tanto daño habían causado al prestigio de la Judicatura.

Además, era también conocido por sus publicaciones teóricas y por las clases de Derecho que impartía en su cátedra de la universidad. Pero como ocurre a menudo en la práctica judicial, el fiscal Schmitt tenía fama de no solicitar las penas más severas para los condenados. Uno de sus principios más sólidos era que al delincuente había que ofrecerle todas las posibilidades legales, con vistas a su reinserción en la sociedad. Para él, la pena era algo odioso: una medida que no había más remedio que solicitar.

Si llegaba a la conclusión de que el culpable de un crimen podía rehabilitarse, consideraba necesario darle una segunda oportunidad y suavizaba su petición final de condena. La máxima de *odiar al delito y compadecer al delincuente*, atribuida a la jurista española Concepción Arenal, era muy valorada por el fiscal. Adalid de las teorías sobre la culpabilidad social, Julius era partidario de minimizar las consecuencias del delito, con un cierto olvido de las víctimas que, en general, son las eternas perdedoras en esta clase de juicios cuando se aplican las *teorías buenistas*.

Interpelado por el juez, tomó la palabra y no defraudó a quienes compartían su visión idílica y garantista de la Justicia:

—Con la venia, simplemente añadir a lo que aquí se ha dicho, que este ministerio va a velar para que la satisfacción del interés público se realice sin merma de los legítimos derechos de las partes y del respeto máximo al procedimiento penal. La presunción de inocencia es uno de los pilares fundamentales de nuestro Derecho Sancionador. Con este fundamento, la fiscalía va a velar especialmente por el análisis riguroso de la veracidad que pueda aportarnos cada prueba y por su apreciación conjunta.

"La sociedad alemana actual no quiere venganza, quiere sólo la justicia del mundo moderno. Los postulados tradicionales del Derecho Penal, basados esencialmente en el carácter retributivo de la pena, han variado sustancialmente introduciendo otras finalidades que nosotros, la acusación pública, tenemos siempre que valorar a la hora de elevar la petición del castigo a los miembros del jurado. Gracias, Señoría.

A Albert Hofmann, las palabras de Schmitt no gustaron nada: "Ya está ese cabronazo disculpando veladamente y de antemano al delincuente —pensó, sin poder evitar sentir rabia—, ni una palabra para las personas que murieron, para las víctimas. Está claro; lo que ahora está de moda es perdonar, no exigir responsabilidades, sino diluirlas, aminorarlas, quitarse el *muerto* de encima. Pero no se las auguro tan fácil en este caso, al menos conmigo".

Llegado su turno, el abogado del procesado, Arthur Schneider, levantó lentamente su oronda anatomía y mirando fijamente a Hofmann, en lo que podría interpretarse como una actitud provocativa al principio de un duelo, formuló su alegato:

—Señor presidente, señores miembros del jurado, la razón por la que yo estoy hoy aquí no es otra que disipar cualquier género de dudas sobre la conducta intachable del señor Kurt Peckmann, injustamente acusado de varios crímenes que, por supuesto, no ha cometido.

"Como quedará acreditado a lo largo del juicio, la acusación se ha inventado sin pruebas convincentes una historia rocambolesca, más propia de unas mentes calenturientas que de un análisis riguroso y frío de lo que realmente aconteció en aquel mes de octubre de 1943.

"Efectivamente, el acusado prestaba servicios en el entonces Frente de Ucrania y no tuvo nada que ver, dada su graduación y sus funciones militares, con la decisión de depositar unas cajas con lingotes de oro en la posición que ocupaba la Compañía 150.

"A partir de ahí, se le quiere imputar nada más y nada menos que: una traición, la muerte de muchos hombres y la apropiación de no se sabe qué cantidad de oro que ni siquiera los denunciantes han sido capaces de precisar. Se pretende construir esta acusación sobre una serie de testimonios que, ya lo adelantamos, no nos ofrecen ninguna fiabilidad sino todo lo contrario.

"En resumidas cuentas, señores del jurado, lo que se persigue por motivaciones ajenas al restablecimiento de la justicia es, pura y simplemente, la difamación pública y despiadada del acusado, montando una fábula de *La Fontaine* ajena a toda realidad objetiva y, por supuesto, al ejercicio judicial riguroso que es el que yo voy a exigir a este tribunal.

"Por ello solicitaré, desde ahora, la declaración absoluta de inocencia de mi defendido, el señor Kurt Peckmann. No hay más que añadir de momento, Señoría.

**

Con estas tres intervenciones, la primera fase del juicio oral finalizó. En presencia del público, el juez-presidente, los abogados y el ministerio fiscal habían tenido la oportunidad de instruir al jurado sobre la causa. Por ello, el juez Schelner levantó la sesión hasta las cuatro de la tarde, declarando abierta la fase probatoria y emplazando al acusado para ser interrogado por las partes.

En realidad, en estas primeras escaramuzas, las facciones en liza habían tenido la ocasión de observarse a distancia, sin más consecuencias que definir claramente sus respectivas posiciones y poner de manifiesto sus fuertes personalidades.

Como si fuesen gladiadores de un circo romano, acababan de presentarse al público y de pronunciar las frases rituales, en este caso sus alegatos iniciales. A partir de ahora se trataba de ver quién estaba más preparado y poseía los mejores recursos para el torneo: a quién iba a sonreír la Diosa Fortuna y ganarse así el favor del César.

***

Indignación

A la hora señalada, el juez Schelner ordenó la comparecencia en estrados del acusado. Era el momento que todos los presentes en la Sala del *Landsgericht* de Dúseldorf estaban esperando. Entre el público había partidarios y detractores, que solían coincidir con familiares, amigos y enemigos. También neutrales que por diversas razones habían acudido a uno de los momentos estelares del juicio. En este tercer grupo estaban los curiosos, los que disfrutaban con esta clase de actividades, o aquellos otros a quienes atraía el morbo y las desgracias ajenas. Después del interrogatorio formal y monótono del juez Schelner, el turno le llegó a la acusación.

Peckmann, como era de esperar, negó los hechos que se le imputaban y, en particular, que su súbito enriquecimiento al volver a Alemania se hubiera debido a la venta de unos lingotes de oro como precio de su traición:

—El éxito en mis negocios no tiene nada que ver con unos lingotes de oro o no se sabe qué. Yo no soy Aladino con su lámpara maravillosa. ¡Todo eso es una burda mentira que no se sostiene! Han sido mi duro trabajo, el apoyo de mis amigos, en especial del señor Werner Moritz, el de mis antiguos camaradas y mi habilidad en los negocios, lo que me ha llevado a cosechar tantos éxitos durante los últimos seis años. ¿Acaso he cometido un crimen?, ¿tengo que pedir perdón por ello?

—Usted ha reconocido que su familia y la de su mujer no disponían de una buena situación económica en 1947. Entonces —le preguntó Hofmann—: ¿quiere hacernos creer que sólo con sus fuerzas y las de sus... amigos, ha levantado una empresa que desde ese año tiene una media de facturación de más de 1.700.000 marcos anuales?

—Señor Hofmann, obviamente he recibido préstamos de los bancos y sobre todo de un amigo. En este sentido, no tengo nada que ocultar. Su pretendida fábula del oro no es más que una insidia, fruto de la envidia de unos fracasados que no soportan que otros tengamos éxito. ¡Ésa es la verdad!

—Respóndame ahora, señor Peckmann: ¿A qué atribuye usted sus dudas o, mejor dicho, su derrotismo a la hora de defender la posición de la Compañía 150 durante el primer ataque de los rusos, el 17 de octubre de 1943?

—¡Protesto, Señoría! —gritó Schneider—, la defensa no está interrogando, está descalificando al acusado.

—Admitida, señor Hofmann. Le ruego que en lo sucesivo se limite a ceñirse en sus repreguntas a los hechos objeto de la acusación.

—Lo siento, Señoría. Sólo quería llamar la atención del jurado sobre la verdadera causa de la actuación del acusado, sobre el motivo de su reacción durante el primer ataque de los rusos a la Compañía 150, una traición pactada. También quiero recordar que hace unos momentos el testigo ha descalificado a los denunciantes llamándoles envidiosos y fracasados, sin que usted haya intervenido.

El efecto de la insinuación soliviantó al juez Schelner que reaccionó con brutalidad y parcialidad, como era habitual en él:

—De modo, señor Hofmann, que ahora se atreve usted a hacer un juicio de intenciones sobre mi actuación en este tribunal. ¿Qué se ha creído? ¿Qué clase de comportamiento es éste? —Luego, recurriendo al argumento *ad autoritatem*, tan querido por algunos jueces cuando no tienen nada que argumentar, le lanzó una advertencia—: Le recuerdo que usted está obligado a profesar un gran respeto hacia el Tribunal que yo represento. Si no es así, nos veremos obligados a tomar medidas que no le van a gustar. ¿Lo ha entendido?, ¿quiere que se lo diga más claro? —remachó agresivamente—. Finalmente, poniendo cara agradable, cambió de tercio y con voz meliflua se dirigió al acusado—: Continúe, señor Peckmann. Conteste usted a la pregunta de la acusación.

—Gracias, Señoría. Todo el mundo conoce mis actividades altruistas en beneficio de la comunidad. Mi propia empresa, con los puestos de trabajo que he creado, está contribuyendo al bienestar de todos. Pero esta actitud la tenía ya cuando estaba en las SS, porque yo, señor Hofmann, no participé en ninguna redada contra los judíos, en ningún asesinato ni nada que se le pareciese —afirmó resueltamente, elevando en una escala su tono de voz y mirando fijamente al abogado de la acusación mientras negaba también con la cabeza.

"De hecho, ahora puedo confesar, públicamente, que fue mi fe religiosa la que me hizo tomar la decisión de sugerir que nos rindiéramos a los rusos —sentenció solemnemente mientras alzaba la mirada hacia el techo de la sala en una actitud casi de oración. Luego, aparentando el mayor disgusto se dirigió al juez—: Señoría, se trata de un dato que no quería desvelar pues atañe a mi intimidad, pero las difamaciones de las que estoy siendo objeto no me dejan otra salida.

Finalmente, remató la faena:

—Sí, señor Hofmann, movido por mi aprecio hacia la persona humana, por mi humanismo, ¡e incluso en contra de mi formación militar!, ordené la rendición y no se me hizo caso. El resultado de no haberme escuchado, ¡ahí lo tienen!: 102 vidas que se podían haber salvado, ¡y encima ahora me denuncian!".

La declaración del acusado produjo un gran griterío entre el público, pues los miembros de la Compañía 150 que estaban presentes en la sala no pudieron aguantar más y se levantaron amenazadores, blandiendo sus puños e insultando a gritos al acusado. Le llamaron de todo: sinvergüenza , cobarde, traidor... A su vez, los amigos, los miembros de la familia política del empresario y algunos de los empleados de la *PWG-AktienBaugesellschaft*, que por *sugerencia* de Schneider se encontraban también en la sala, trataron de ahogar las protestas de aquellos, pitándoles, alabando la actitud del inculpado, y devolviéndoles los insultos con las mismas palabras de envidiosos y fracasados que había empleado Peckmann al descalificar a los denunciantes.

Vista la algarabía que se había liado, el juez Schelner no tuvo más remedio que llamar al orden golpeando insistentemente con su mazo:

—¡Silencio! ¡Silencio, señores! —Cuando las aguas se calmaron un poco, añadió—: La asistencia al juicio no da derecho al público a interrumpirlo. Por esta vez ¡pase!, pero a la siguiente ordeno que sean todos ustedes expulsados y que el proceso continúe a puerta cerrada. No me hagan repetírselo, ¡demócratas de pacotilla!

Parece que la medicina utilizada fue suficiente y, a duras penas, sobre todo por parte de los antiguos soldados de la Compañía 150, el silencio se hizo de nuevo y la sesión pudo continuar.

Hofmann no había tenido más remedio que encajar el golpe de efecto del acusado. Había sido magistral y el abogado de los acusadores se quedó amostazado y anonadado: "Es increíble la capacidad de mentir de este tío. ¡Qué cínico!, no he visto cosa igual en mi vida, aunque desde luego —reconoció en su interior—, es muy ingenioso".

Pero Albert, fiel a su espíritu paracaidista, no se arredró y contraatacó:

—Entonces, si es usted ¡tan altruista!: ¿Cómo es que se comportó tan impropiamente con el coronel Ludwig von Heusenberg? Usted le conminó a cumplir unas órdenes que retrasaban la evacuación de los soldados de la 150. Usted sabía que esas órdenes ponían en grave riesgo la vida de esas personas. Las posibilidades de un ataque de los rusos ante la inminencia de su ofensiva general, que ya se barruntaba en el sector, no eran desdeñables. Entonces, ¿por qué ante el primer ataque ruso se comportó de una manera, según usted, tan cristiana, y frente al coronel, de manera tan poco cristiana?

—Su pregunta me sorprende. ¿Acaso no conoce usted el código de comportamiento de las SS? Era imposible no cumplir una orden, por muy dolorosa que fuese, y le aseguro que mi encuentro con el coronel Von Heusenberg no fue un plato de gusto. Tuve que hacer de tripas corazón para transmitirle unas instrucciones que dilataban la recuperación del oro y el rescate de los soldados. Pero ¿qué le vamos a hacer? La guerra es así. Puede que no estuviera muy acertado en las formas; pero le aseguro que mi espíritu estaba en cuerpo y alma con esos bravos soldados de la Wehrmacht.

—No es más cierto que usted mantuvo una actitud indecorosa frente al coronel, y que éste no tuvo más remedio que elevar una queja al alto mando.

—Ya he reconocido que Von Heusenberg elevó esa protesta, pero le reitero: en este caso yo tenía órdenes concretas que había que cumplir, mientras que durante el ataque de los rusos, me dejé llevar por mi propia conciencia, mi iniciativa, y mi compasión por los soldados de la 150.

Viendo Hofmann que por este camino era inútil insistir,

lo abandonó de momento.

—Hay otro dato en su biografía, señor Peckmann, que nos llama la atención y nos gustaría esclarecer. Usted ha reconocido en el interrogatorio que a principios de 1946, concretamente en el mes de febrero cuando aún no había transcurrido un año desde el fin de las hostilidades, volvió a Alemania, ¿no es así?

—Sí, en efecto.

—Y, ¿cómo es que los supervivientes de la Compañía 150, entre los que se cuentan los que le han acusado, han tardado una media de tres años en volver a la Patria? ¿No es verdad que usted obtuvo un trato de favor por parte de los rusos... a cambio de sus *servicios*?

—Usted está muy mal informado. ¿Sabe lo que fue en Rusia el programa *Convenzamos con nuestra Revolución*? Consistía en una acción intensiva de adoctrinamiento que emprendieron los rusos con muchos oficiales alemanes prisioneros, entre los que me contaba yo. Se trataba de atraernos a la causa soviética y para ello no repararon en medios. A mí, intentaron convencerme con halagos y con un trato inicial muy humano. Luego, me llevaron a Moscú, y una vez allí, al ver que la situación se tornaba peligrosa, pues no consiguieron nada, tuve que huir. Me hice con una documentación falsa y conseguí volver a Alemania en 1946. Si los rusos me hubieran descubierto, probablemente me habrían fusilado, y hoy no estaría aquí. Por lo demás, no sabe lo que lamento que los soldados de la 150 hayan perecido en Rusia o hayan tardado tanto en volver a la patria. —Entonces, como un gran actor farandulero, dio un nuevo golpe de efecto después de sus invocaciones religiosas—: ¡Alemania os necesita! —exclamó volviéndose hacia el público con la mirada arrobada de un santo cautivado por el mundo de la mística, mientras reconocía a algunos de los que formaban parte de la Compañía 150 cuyas caras eran todo un poema.

"No, si al final —pensó Hofmann con ironía—, va a resultar que el acusado es un héroe y también una *hermanita de la caridad*. Sólo falta que organice una colecta y nos pida limosna. De todos modos estamos en las primeras escaramuzas, luego ya veremos cuando todos hayan testificado y alcancemos el final de la *misa solemne*.

—Señor Peckmann —prosiguió con su interrogatorio el abogado de la acusación—, ¿en qué idioma se comunicaba usted con los rusos?

—Protesto, Señoría —le interrumpió Schneider inmediatamente—, esa pregunta ya ha sido respondida por el acusado en el interrogatorio que usted le ha hecho.

—Aceptada. ¿Tiene usted más repreguntas, señor Heinzmann, quiero decir Hofmann?

—Sí, Señoría —respondió el abogado, pensando que de nuevo el juez estaba *tocándole las pelotas*, aunque ya no quiso protestar y continuó con el interrogatorio—: ¿No es cierto, señor Peckmann, que su dominio del idioma ruso le facilitaba mucho sus relaciones con el enemigo?".

—Si se refiere a que nos comunicábamos mejor, por supuesto. Cualquiera en mi lugar, durante el cautiverio, habría tratado de sacar partido a sus conocimientos del idioma eslavo para obtener un mejor trato. Eso es natural. Ahora, de ahí a hablar de *relaciones*, como usted ha insinuado, permítame decirle que es muy osado por su parte y no responde a la realidad.

—Señor acusado, no me refería a sus relaciones durante el cautiverio, sino a las de antes del cautiverio.

—No sé a qué relaciones se refiere usted, yo sólo utilizaba el ruso cuando tenía que ejercer funciones de intérprete, eso es todo.

—Por último, señor Peckmann, como *Hauptsturmführer* de las SS, ¿sabía usted que el cargamento de oro cuyo rescate tenía que coordinar procedía del asesinato y expolio de los judíos ucranianos?

—¡No, de ningún modo! Nosotros nos limitábamos a cumplir las órdenes que se nos daban, sin hacer preguntas.

Como era natural, la declaración del acusado aportaba muy poco al proceso. Era lógico que Peckmann negara toda la acusación. Así que Hofmann, después de cubrir el expediente, se retiró de la escena.

En segundo lugar, como parte integrante de la acusación, le correspondió interrogar al ministerio fiscal. Sin embargo, Julius Schmitt decidió no intervenir alegando que en esta fase del juicio prefería mantenerse a la expectativa, tomando notas e instruyéndose con las intervenciones de los abogados, a lo que el presidente del tribunal no puso ninguna objeción. Por el contrario, al abogado de la acusación privada, la pasividad del ministerio público no le sentó nada bien. "¡Mal empezamos! —pensó Albert—, aunque tengo que ver el lado positivo, por lo menos me ha dejado hacer manteniéndose neutral".

Arthur Schneider, por su parte, estaba satisfecho. Pensaba que la declaración de su cliente había sido magnífica y que la impresión inicial del jurado, un tanto negativa por lo que él había observado, se había mudado ya en una duda razonable. Ahora, como si de un desembarco se trátase, había que afianzar sólidamente la cabeza de playa:

—Señor Peckmann, el día del primer ataque a la posición de la 150, ¿dónde se encontraba el capitán de la unidad, el señor Wilhelm Meinhof?

—No se encontraba, ¡así de simple! De madrugada, abandonó la posición junto con un soldado, creo que se llamaba Bukovsky, para recoger una moto con sidecar en una aldea cercana en ruinas. El día anterior, el 16 de octubre, por precaución, para que los rusos no pudieran detectarnos y apoderarse de las órdenes que llevábamos a la posición, el soldado Hans Witzke y yo la dejamos allí debidamente camuflada. ¡Sí! —machacó el acusado—, ante mi sorpresa, el capitán abandonó su puesto de mando en la compañía, ¡el mismo día del ataque!

—¿No le pareció a usted increíble que el jefe de la compañía se fuese de excursión a recoger una moto, cuando sólo faltaban unas horas para que se produjera la evacuación?

—Sí, la verdad es que me pareció una actitud muy frívola, algo insólito, pero el capitán Meinhof era el responsable de la unidad. Yo no podía interferir, sólo me encontraba allí para supervisar y ayudar en la evacuación, conforme a las órdenes que había recibido.

—Y, dígame, ¿cómo era su relación con él?

—Era cordial y de perfecta colaboración. Entre nosotros no había ningún motivo de enemistad.

En ese momento, Hofmann consideró que era preciso intervenir para evitar la desviación sibilina del juicio, que parecía dirigirse ahora contra Willy Meinhof:

—Señoría, ¡protesto! Este tipo de preguntas no deben permitirse ya que desvían la atención del jurado. Aquí no estamos juzgando al señor Wilhelm Meinhof, ¡faltaría más!, sino a Kurt Peckmann.

—Protesta rechazada, señor Hofmann. Las preguntas formuladas por la defensa permiten instruir al jurado sobre el ambiente que se respiraba cuando se produjeron los hechos.

—Entonces, Señoría, permítaseme repreguntar al acusado. El capitán Meinhof le mantuvo encerrado durante el segundo ataque, ¡se despreciaban!, es mentira que...

—¡Albert Hofmann! —le cortó abruptamente el juez—. Usted ya ha tenido su oportunidad. A lo largo del interrogatorio de testigos, podrá poner en cuestión las declaraciones vertidas por el acusado, ahora, ¡estese quietecito y no moleste!

—Protesto de nuevo, señoría —insistió Hofmann—. Cuando el capitán Meinhof salió de la posición para recuperar la moto, lo dejó todo perfectamente controlado con el Sargento Klaus Zimmermann que le sustituía, además...

—¡Haga el favor de obedecer y callarse! —le ordenó Schelner—. Ahora mismo, usted no está en escena. Si vuelve a interrumpirme, le expulso de la sala por desacato al tribunal, ¿está claro?

Hofmann encajó el golpe poniendo cara de perro y quedándose en silencio, pero en su interior sonreía satisfecho. Había contrarrestado, en la medida de lo posible, el efecto difamador e injurioso contra el ex capitán Meinhof, perseguido por el abogado de la defensa. La cuestión no era baladí, pues Willy había sido propuesto como testigo y no convenía que el jurado partiera con un prejuicio negativo sobre la persona del antiguo *Hauptmann* de la Wehrmacht.

Schelner, por su parte, se había sentido como el director, como el dueño de un teatro de marionetas donde él las manipulaba a su antojo sin que nadie pudiera evitarlo.

Superado el incidente, dio la palabra de nuevo al abogado de la defensa:

—Continúe, Schneider.

—Por último, señor Peckmann, ¿fue usted sancionado en alguna ocasión por indecisión o actuación inadecuada en combate?

—¡No! Al contrario, mis superiores estaban estudiando la posibilidad de proponerme para la cruz de hierro pero, lamentablemente, al ser hecho prisionero, el expediente no pudo tramitarse. —"Vaya brindis al sol" —pensó Hofmann.

—Gracias, señor Peckmann. Señoría, no tengo más preguntas.

Finalizado el interrogatorio del acusado, el presidente del tribunal levantó la sesión hasta el día siguiente a las once de la mañana.

***

Distintas personalidades

Segundo día del juicio

El jueves 16 de abril, el juicio se reanudó adentrándose en las fangosas aguas de la prueba testifical. El procedimiento era muy sencillo: el testigo citado para la sesión, desde su aislamiento, era acompañado a la sala por un ujier, se dirigía al estrado, y se quedaba de pie frente al jurado. El juez Schelner le preguntaba sobre su identidad, le tomaba juramento, y le apercibía de las consecuencias de prestar falso testimonio. A continuación, sin más prolegómenos, iniciaba su interrogatorio. Éste era tremendamente aburrido provocando a menudo los bostezos indisimulados del público, y los que los letrados y el ministerio fiscal contenían a duras penas para evitar la furia de Schelner.

"Señores Miembros del jurado, señor fiscal, señores abogados, en este acto se inicia la prueba testifical —declaró el presidente del tribunal—. Puede comparecer el primer testigo propuesto por la acusación, el señor Helmut Waldmann".

A quien fue *Oberstleutnant* —teniente coronel— a las órdenes del coronel Von Heusenberg, la citación que había recibido para presentarse como testigo de la acusación no le causó desazón alguna. En el fondo, todo lo que había leído en los periódicos y escuchado por la radio sobre la denuncia y el juicio que se avecinaba, no le extrañaba nada. Por otra parte, su tranquilidad, la tranquilidad del deber cumplido, era máxima. No tenía nada que ocultar sobre sus servicios durante la guerra, y ahora sólo le preocupaba ceñirse estrictamente a los hechos que él había podido presenciar como testigo directo, o a los que otros le habían transmitido. Profesional hasta la médula e hijo de un diputado del Reichstag —parlamento— durante la República de Weimar, sus simpatías estaban del lado del capitán Meinhof y sus soldados, y no de Peckmann, a quien consideraba traidor a la patria y que además formaba parte de las SS; para él, la organización más abyecta del régimen nazi.

De nuevo, el presidente del tribunal tomó la palabra para interrogar al antiguo militar conforme a las preguntas que tenía por escrito: "Así que usted, señor Waldmann, formaba parte del regimiento donde se encuadraba la compañía de infantería 150".

—Sí, así es, en aquel entonces...

—Limítese a responder con un sí o con un no —le cortó el juez, dejándole con la boca abierta—. Ahora no hace falta que haga ningún comentario.

—¡Protesto, Señoría! —exclamó Hofmann que se había puesto de pie como un resorte al tiempo que levantaba enérgicamente su brazo derecho, apuntando con su dedo índice hacia el techo de la sala.

—¡Usted a callar, abogado! Luego, en su turno de preguntas, podrá interrogar al testigo —le reconvino Schelner, con el estilo de chulería habitual que usaba al dirigirse a quienes él consideraba actores secundarios del proceso.

—Pero, Señoría, si el testigo puede ilustrar su respuesta; será mejor para todos...

—¡No! —le cortó Schneider, que no había pedido permiso para hablar—. En este primer interrogatorio, el testigo debe limitarse a contestar con un sí o con un no. Pero, ¿de qué facultad de derecho a salido usted, señor Hofmann? —Ofendido, el abogado de la acusación paró el ataque personal en seco.

—¡Señor Schneider!..., ¡señor Schneider! —repitió—, no le consiento que haga ningún comentario injurioso sobre mi persona. Señoría —continuó, dirigiéndose de nuevo al presidente del tribunal—, exijo que se llame la atención al abogado de la defensa por su comportamiento, impropio de un letrado. Además, quisiera saber qué tiene que decir al respecto el abogado del Estado.

Pero Schelner, en una de sus reacciones excéntricas, no hizo nada. Se quedó mirando a los letrados mientras apoyaba la cabeza sobre sus puños cerrados. ¡Cómo le gustaba su papel de juez y ver los toros desde el palco de honor!, ¡cuánto le gustaba ser el centro de atención!

—Señoría —intervino el fiscal al ver que el juicio quedaba en punto muerto—, no debe permitir alusiones personales que no tienen nada que ver con la causa, el juicio debe centrarse ahora en la eficacia y en la consistencia de la prueba.

De nuevo, Schelner no contestó. Parecía disfrutar con el enfrentamiento de los letrados. Desde su atalaya de magistrado, muy pagado de sí mismo, continuaba sin abrir la boca, ensimismado. Después de casi un minuto, cuando Hofmann, Schneider y Schmitt empezaban a mirarse nerviosos y extrañados, y el público empezaba a murmurar, el presidente del tribunal, sonriendo, despertó de su letargo primaveral e hizo uso de su mazo para imponer silencio:

—Gracias, señor fiscal. A partir de ahora, ustedes deben comportarse correctamente, así que moderen el tono de sus intervenciones y no hagan alusiones personales — añadió mirando a los tres abogados.

Finalizado el interrogatorio del juez, el turno llegó a los letrados. En el caso de un testigo de la acusación, primero intervenían la acusación privada y el ministerio fiscal, finalmente el abogado defensor. Helmut Waldmann no decepcionó y, como se esperaba, estuvo a la altura de las circunstancias. De manera más relajada que frente a Schelner, respondió a Hofmann sobre su situación y su papel en los hechos:

—Sólo puedo confirmar que la presencia en el cuartel general del capitán de las Waffen SS, Kurt Peckmann, no fue bien recibida por el coronel Von Heusenberg. Ludwig, como quería que sus oficiales le llamáramos, esperaba más eficacia para organizar la retirada de la Compañía 150. No podía entender por qué se retrasaba una operación de rescate que podía montar el ejército regular con sus propios medios, sin necesidad de aguardar a las SS.

"Según me comentó después Karl, el ordenanza del coronel, éste y el capitán Peckmann discutieron agriamente. Al final, mi superior tuvo que dar su brazo a torcer. Acató la orden de tener que retrasar 24 horas una misión que, insisto, nuestra división, con sus propios medios, podría haber acometido antes. Por supuesto, sobre el terreno, el encargado por las SS de todo el tema del oro era el acusado. Así me lo relató el propio Karl con pelos y señales. Lamentablemente, él ya no está con nosotros. Después de la muerte del coronel von Heusemberg, pidió su traslado al frente y cayó en la defensa de Berlín.

Al no formular la acusación pública ninguna pregunta, el contraataque de Schneider no se hizo esperar:

—¿Qué relaciones tenía su regimiento con las Waffen SS?

—Protesto, Señoría —cortó inmediatamente Hofmann—, ¿qué tienen que ver en este proceso las relaciones del ejército con las Waffen SS? Aquí se está juzgando el comportamiento criminal de una persona, no las relaciones entre dos de las instituciones que componían la Wehrmacht.

—Se rechaza la protesta señor Hofmann —resolvió el juez Schelner—.Para que el jurado se pueda instruir adecuadamente, es preciso tener en cuenta el contexto en el que se produjeron los hechos, ¿no le parece? Además, debo advertirle que no debe utilizar expresiones como *comportamiento criminal* —arremetió contra el abogado—. Aquí, hasta que el jurado no haya dicho su última palabra, todo es presunto: *presunto crimen, presunto culpable, presuntas actividades*, etc., ¿entendido?

Después del rapapolvo a la acusación, el juez echó un cable a Schneider para que continuara con su interrogatorio:

—Señor Waldmann, conteste a las preguntas del letrado.

—Sí, Señoría. No voy a ocultar que en el regimiento había una cierta animosidad contra las Waffen SS. Muchos de mis oficiales, la mayoría, consideraban que se trataba de un ejército paralelo, muy politizado y cómplice o ejecutor de la política de represión, de las matanzas de los nazis en los territorios ocupados que a muchos de nosotros nos repugnaban. Pero lo que le puedo asegurar es que en lo tocante a las operaciones militares, nuestras relaciones eran muy profesionales. En ese ámbito, colaborábamos por sistema. Cuando estábamos conformes, lo manifestábamos, y cuando una decisión nos parecía errónea, también. Sin ir más lejos, en el caso del rescate de la Compañía 150 y del oro, la postura del coronel Von Heusenberg era la más correcta desde el punto de vista de la eficiencia. Si teníamos tropas motorizadas, suficientes y dispuestas, ¿por qué no adelantar la operación minimizando los riesgos?

—Sin embargo, señor Waldmann, en las respuestas al presidente del tribunal, usted ha reconocido que el coronel Von Heusenberg elevó una queja contra el comportamiento de las SS.

—No trate de manipular mi declaración. La pregunta

que se me hizo era si el coronel había elevado una queja individualizada por dos motivos: el impropio comportamiento del acusado y la decisión concreta del mando de las Waffen SS de retrasar injustificadamente una operación de rescate que podía haberse realizado 24 horas antes. Esta queja sí se presentó, con toda objetividad, y le puedo asegurar que el 90% de los oficiales del regimiento la habríamos firmado.

—Muchas gracias, señor Waldmann. Señoría, ya no tengo más preguntas.

Finalizada la comparecencia del primer testigo, el juez Schelner dio paso al segundo testigo de la mañana.

La entrada del antaño general de división del *Heer* — ejército de tierra— , Berthold Eberhardt, como testigo de la acusación, provocó un ligero revuelo en la sala. La reacción se produjo entre los antiguos soldados de la 150, que ya sabían de él y no entendían muy bien qué pintaba en esta historia, además de no caerles precisamente simpático. Para Willy y su abogado, lo que se pretendía con el testimonio de Eberhardt era corroborar la declaración de Waldmann sobre la conversación del acusado con el coronel Von Heusenberg, y confirmar la responsabilidad del SS en la organización del rescate de la compañía y del oro. Obviamente, Eberhardt no era Waldmann. Su testimonio constituía una apuesta arriesgada que se podía volver en contra; pero disipar cualquier duda sobre la participación del acusado en toda la operación, era de capital importancia. Después de responder lacónicamente al juez y ya en el turno de las partes, Eberhardt, contestando a Hofmann, fue mucho más explícito:

—Sobre mis relaciones con las SS, nosotros constituíamos el *Heer*, el ejército de tierra y yo, particularmente, con las SS tenía muy poco trato. Me molestaron mucho con ese tema del oro. Yo, por supuesto, di todo tipo de facilidades para retirar cuanto antes a la compañía del capitán Meinhof, pues lo que importaban entonces eran las vidas humanas, más allá de esa absurda guerra. Lamentablemente, en el cuartel general de las SS no lo vieron así; dilataron la acción con el resultado que todos conocemos.

Cuando el ex teniente coronel Waldmann, sentado ya entre el público, escuchó la respuesta de Eberhardt, no pudo evitar una sonrisa que si no hubiera estado ante un tribunal se habría convertido en una sonora carcajada: "¡Qué cobarde y qué cínico! Bien decía Heusenberg que era un pelota de mierda, a quien sólo le preocupaba su futuro y llevarse bien con los mandos superiores, sobre todo con las SS. Ahora, el camaleón cabrón se pone el disfraz de *gran jefe humanista,* cuando en verdad la suerte de sus soldados le importaba un pimiento y sus relaciones con las SS eran óptimas".

—*Generalleutnant*, perdón, quiero decir señor Eberhardt, ¿conocía usted el origen criminal del oro que transportaban los SS y que fue dejado en custodia al capitán Meinhof?

Albert había utilizado deliberadamente el tratamiento de general de división para enfatizar la importancia y la responsabilidad del testigo, y en cierta medida para ponerle con la espalda contra la pared.

—A mí, los altos cargos de las SS sólo me comunicaron la existencia del cargamento y la necesidad de su rescate, nada más.

—¿Afirma que no sabía usted que procedía del expolio a los judíos ucranianos?

—Nosotros, no nos inmiscuíamos en esos temas...

—Señor Eberhardt —continuó Hofmann—, quiero que sea muy claro en su respuesta: ¿era el *Hauptsturmführer* Peckmann el encargado de recoger el oro?

—Sí, según me comunicó el mando de las SS, y luego por teléfono mi querido Heusenberg, desde el centro de mando del regimiento. He de destacar que en todo momento estuve de acuerdo con mi subordinado, aunque lamentablemente, no pudimos hacer nada para adelantar la operación.

Acabada la intervención de Hofmann, el ministerio fiscal, siguiendo su táctica inicial de mantenerse a la expectativa, renunció al interrogatorio del testigo. Cuando le tocó el turno de repreguntar al abogado de la defensa, éste no desaprovechó la ocasión para ahondar en las diferencias del *Heer* con las SS.

—Señoría, perdone que insista sobre este asunto, pero no tengo más remedio que repreguntar al testigo sobre las relaciones entre la división que él comandaba y los altos mandos de las SS en la zona. ¿Señor Eberhardt, cómo se llevaban entre ustedes?

—Nosotros no veíamos con buenos ojos todo lo que estaba pasando..., pero ustedes saben lo peligroso que era predisponerse en contra de las SS, incluso en el ámbito del ejército regular. Yo, personalmente, siempre mantuve una actitud de distancia y frialdad con los secuaces de Hitler. Incluso, en algunas ocasiones —en privado, claro está—, les recriminé por su actitud con la población ocupada y en especial con los judíos. Obviamente, estas desavenencias influían luego en el ejercicio del mando, sobre todo cuando había que realizar operaciones conjuntas.

"Ciertamente, Eberhardt ha hecho honor a su trayectoria —pensó indignado el ex teniente coronel Waldmann—. Es un todo terreno al que seguramente le va a ir muy bien en la vida; una de esas personas en quien puedes *confiar*, dotada de *sólidos* principios; de esas que gustan tanto al poder, pues un día son capaces de decir "sí", y otro día "no", según las conveniencias del momento, agradando los oídos, la soberbia y la vanidad de quienes normalmente están al frente de las cosas públicas. ¿Por qué los malos ganan siempre?, ¡qué extraña seducción ejercen sobre los buenos!".

"¿Dictadura? ¿Democracia? ¡Qué más da! —pensaba por su parte el nuevo *Talleyrand* al bajar del estrado—, si lo importante es comulgar con el que manda en cada momento y decir lo que quieran oír. Así, nunca tendrás problemas. Sólo es preciso no implicarte demasiado, mirar a veces para otro lado, taparse la nariz y dejar pocas o ninguna huella — si te dejan—".

Después de la *comedia musical* del ex general, el presidente del tribunal decretó un receso fijando la hora de reinicio de la sesión a las cuatro de la tarde.

**

Willy, que por su condición de testigo había tenido que permanecer fuera de la sala donde se celebraba el juicio, esperaba ansioso que Hofmann le relatase cómo había ido todo. Con ese propósito, él y Albert se fueron a comer juntos. Willy odiaba las denominadas comidas de trabajo; donde ni se acababa de hablar de trabajo, ni se acababa de comer bien. Además, si se estaba en presencia de un cliente o de un superior jerárquico, las muestras de espontaneidad se reducían por lo general al mínimo, teniendo que medir mucho las palabras y adoptar posturas envaradas que incluso podían provocar una mala digestión.

Pero con Albert Hofmann era distinto; desde el primer momento se habían caído muy bien. La química se había impuesto. Su condición de antiguo cazador paracaidista a las órdenes del general Student le había hecho ganar muchos puntos con el ex capitán Meinhof. Además, cuando se manifestaba en contra de las ideas nazis, parecía sincero, aunque en esos años —todo hay que decirlo—, la población alemana estaba sumida en una profunda *amnesia* y todos se habían vuelto muy antinazis... en público.

—Es muy fácil decirlo, ¿verdad Willy? En la actualidad todos dicen que no eran nazis. ¡Tiene narices!, cuando más de ocho millones de personas llegaron a ser militantes del NSDAP —siglas del partido Nacionalsocialista de los Obreros Alemanes—. Yo creo que es un problema de la impersonalidad de la masa, que se deja fácilmente seducir por el poder, pero también de la naturaleza humana, cobarde y acomodaticia por naturaleza, esperando casi siempre que sean otros los que resuelvan los problemas y den la cara.

—Todo eso es verdad. Es un hecho que los alemanes le dimos la espalda a la democracia que, con todas sus imperfecciones, era la República de Weimar—. En el caso Peckmann —añadió Willy—, por lo menos tenemos a nuestro favor que no hay política de por medio, que se trata de un crimen puro y duro.

—Eso es lo que pretendemos, pero tenemos que convencer de ello al jurado, porque de Schelner... prefiero no hablar. Le puede dar por cualquier cosa. En cuanto al fiscal Julius Schmitt, está inmerso en la teoría del buenismo. Seguro que ya ha visto algo positivo en Peckmann para empezar a rebajarle la pena. Lo siento por él, pues a medida que avance el juicio y vayan *cantando* los testigos, yo creo que la papeleta se le va a poner muy difícil.

—¿Cómo ha sido el testimonio del teniente coronel Waldmann?, ¿qué te ha parecido? —preguntó Willy a quien picaba la curiosidad.

—Perfecto. Ha dicho lo que esperábamos, con toda

espontaneidad. Pero lo más importante de su declaración es que, en este caso, el mando del regimiento no actuó movido por ninguna animosidad contra las SS, sino más bien por criterios de profesionalidad, camaradería y humanidad. En el fondo, esto es lo que yo quería que quedara claro, más allá de que nos hablase de algunos detalles de la implicación de Peckmann en el rescate del oro.

— No podía ser de otra manera. No te puedes ni imaginar cómo apreciaba a Von Heusenberg. Ha dicho lo que durante la guerra pensábamos la mayoría de los militares que no formábamos parte de las SS. Nosotros — hablo por el regimiento al que yo pertenecía— tratábamos de actuar con la máxima profesionalidad. En el terreno puramente bélico, si discutíamos con las Waffen SS era por motivos de eficacia de las operaciones, no por otras razones. Esto no tenía nada que ver con el maltrato a los prisioneros rusos o con los crímenes cometidos contra la población civil, aunque a veces —tengo que serle sincero— cuando me enteraba de lo que hacían, me costaba mucho tener un trato correcto con los SS.

—En esta primera fase, nos interesa que esto quede claro. En cuanto al testimonio del que fue su *Generalleutnant* Berthold Eberhardt, mucho me temo que nos puede haber perjudicado algo pues él sí habla de una animosidad casi permanente con las SS, de que le repugnaba todo lo que hacían, y de que eso incidía en el desarrollo de las operaciones militares, contradiciendo a Waldmann. Además, ha dicho que se llevaba muy bien con el barón Von Heusenberg.

—¡El muy cabrón! ¡Es todo mentira!—exclamó Willy—. Se ha retratado a la perfección para quienes le conocemos o, más bien, para quienes no le conocíamos, pues era el típico general que nunca visitaba a sus tropas y al que le gustaba disfrutar de las mieles del poder. Así me lo confesó Von Heusenberg. ¡No se podían ni ver! El problema es el efecto que su declaración haya causado en el jurado.

—Willy, a medida que nos acerquemos al núcleo duro de la prueba; la tensión y los nervios van a ir creciendo. No hemos empezado mal, pero debo advertirte que en los juicios puedes tener toda la razón, ¡más razón que un santo!, pero si no lo demuestras o no cumples con las formalidades y los plazos procesales, no tienes nada que hacer.

—Pero nosotros perseguimos la justicia. Éste es un caso muy claro. ¡Estamos cargados de razón!

—Todo eso me parece muy bien. Pero aunque digas la verdad, toda la verdad y nada más que la verdad, si no lo pruebas, ¡mal asunto! Además hay muchos otros factores que inciden en el resultado de un proceso.

—Sin embargo, yo sigo confiando en la acción de la justicia.

—Me parece Willy que te has equivocado de siglo, si es que alguna vez ha sido así. Lo que exigimos es el cumplimiento de la Ley... y punto. Si coincide con la Justicia en mayúscula, mejor que mejor... pero no te hagas ilusiones, ¡de verdad! La Justicia es un concepto metafísico, casi esotérico, te lo dice un profesional del foro. Como ideal es maravilloso, los filósofos se han ocupado mucho de ella, pero Willy, ¡cómo se nota que no has ejercido!

—Pues de eso precisamente y de muchas cosas más tiene la culpa Peckmann. Mientras para mí su traición ha significado más de siete años en los cómodos hoteles (!) de prisioneros alemanes en Rusia, a él le ha reportado pingües beneficios. Ahora está empezando a morder el polvo, y quiero que se lo coma todo, sin acritud, sin rencor, pero totalmente convencido de lo que ese pájaro merece.

—No te imaginas cómo te comprendo y lo repugnante que es para mí la traición del acusado, pero no quiero que nadie se llame a engaño. En los juicios penales, si se ganan —y a veces no se ganan—, ocurre a menudo que la condena sabe a poco a la víctima. Es el eterno dilema entre el carácter punitivo y ejemplar de la pena y su objetivo rehabilitador. La ley otorga una cierta flexibilidad con su larga lista de atenuantes, eximentes, grados de culpabilidad, interpretaciones dispares de la Jurisprudencia y otros elementos. La amalgama de todo esto depende del juez, y en los escalones judiciales más bajos, la respuesta ante unas mismas circunstancias puede llegar a ser muy distinta según el juzgado que te toque. Puede llegar a ser escandalosamente arbitraria, pero es así. En este sentido tenemos suerte de estar ante el *Landsgericht* —el Tribunal del Estado Federado— y no ante el *Amtsgericht*—el Juzgado de Primera Instancia—.

—Creo que me va a gustar ejercer.

—Yo casi te diría que te tiene que gustar; es algo vocacional. Mi profesor de práctica judicial decía que un juicio es como la reforma de una casa: un día viene el fontanero y hace algo, otro día el carpintero, más adelante el ayuntamiento, luego también el presidente de la comunidad. Por si eso fuera poco, los albañiles, el cristalero y el electricista entran en juego y acabas hablando solo. Finalmente intervienen el notario, el seguro, y la gestoría también. A veces tienes la *suerte* (!) de que concurran los vecinos, en especial el sabelotodo de la comunidad y algunas vecinas, luego también el portero, el policía municipal, y hasta los bomberos. ¿Cómo conjugar todo eso?, ¿cómo salir indemne de la aventura? ¡No es fácil! En un juicio ocurre lo mismo y el que debe coordinar a todos los actores en escena es el juez; en este caso, por suerte, hay además un jurado.

—Siempre será mejor que decidan nueve personas en lugar de una —sentenció Willy.

—Sí, por supuesto, no hay nada más democrático ni más fresco, en el buen sentido de la palabra, que un jurado. Nos permite conectar con la calle, aunque a algunos profesionales fosilizados del foro les moleste y piensen que sólo ellos están en posesión de la verdad, con su vocabulario y su jerga que, a veces, sólo sirve para confundir y no impartir Justicia con mayúscula, que es para lo que deberían estar los juzgados. Pero en Alemania, después de la última reforma, el jurado se empieza a diluir en un sentido más profesional y menos popular. Puede estar bien en muchos casos, pero en el nuestro, con Schelner de presidente del tribunal, la incertidumbre sobre el resultado final se dispara.

—¿Qué insinúas?

—Que a menudo, en los juicios penales e incluso en los civiles, causas que aparentemente están ganadas, se pierden. A veces, simplemente, por una mala o incompleta comprensión del juez, que por diversos motivos o por sus prejuicios no ha llegado a asimilar todos los matices. Otras, por influencias externas a las que algunos no son inmunes, y no me estoy refiriendo sólo al soborno o a la recompensa inmerecida por favorecer al poder, sino a algo tan simple como la presión mediática, las amenazas, o la intervención sutil o descarada de las *altas instancias*.

"Eso tan socorrido como la Razón de Estado, que a veces apesta y se convierte en la razón de los altos delincuentes, o de políticos sin escrúpulos que sólo persiguen mantenerse en el poder a toda costa, obedecer al partido como si de una secta se tratase u ocultar sus crímenes, ha ganado juicios muy notorios. De todos modos, ya sabes que el mundo está lleno de imbéciles y pedantes, y en la judicatura, como en todos los órdenes, también los hay, y encima con el poder de juzgar. Puede llegar a ser un cóctel explosivo y los miembros del jurado, que están cargados de emociones, tampoco son inmunes.

"Pues bien, Willy —concluyó Hofmann—, todas estas cosas, e incluso a veces las excentricidades del magistrado, pueden incidir en un juicio. Además, cuanto más cerca del poder esté el acusado..., mayores son las presiones y más numerosos los factores que pueden entrar en juego.

—Pues ¡cómo me lo estás pintando!

—Te estoy diciendo la verdad. Hay compañeros del foro que son verdaderos embaucadores. Con bellas y bonitas palabras encandilan al cliente, pero no le platican la verdad. Quizás si se la dijeran, habría menos pleitos inútiles que no conducen a ninguna parte, salvo al bolsillo del abogado y al mantenimiento de un enorme aparato judicial que en muchos casos no haría falta. Pero este es el siglo que nos ha tocado vivir y te aseguro Willy que, aun con todo y con eso, estamos mucho mejor que en la horrorosa época de Hitler, con sus tribunales del pueblo enteramente sometidos al poder político-criminal. ¡No tiene color!, la comparación es odiosa. Allí la imparcialidad del juez y las garantías del procesado brillaban por su ausencia. ¡Era el reino del terror! Se humillaba al acusado, la defensa era de risa y las penas que se imponían eran descabelladas. Me quedo como estamos, a pesar de ser actualmente la justicia una máquina todavía tan humana e imperfecta.

**

De vuelta a la sala del juicio, la siguiente testigo en declarar, ya por la tarde, fue la madre de Hans Witzke, Galina Bogdanova, que concurría a instancias de la acusación. Galina había atravesado muchas dificultades durante la guerra. Consideraba a los nazis como la encarnación del mal pues además de luchar cruelmente contra Rusia, su patria de nacimiento, se habían llevado a uno de sus dos hijos, su querido Hans. Habían pasado ya más de 10 años desde la última vez que lo vio y sintió, y seguía pensando en él... todos los días. Por eso, cuando Hofmann le propuso testificar, accedió inmediatamente. A ello contribuyeron también las cartas que Hans regularmente enviaba a su madre, donde le confesaba la gran sintonía que tenía con sus compañeros y en especial con el capitán Meinhof.

A pesar de sus 63 años, Galina conservaba una energía envidiable. No era muy alta. Su pelo abundante, liso y claro, encanecido por la edad, enmarcaba una cara delgada donde destacaban unos ojos verdes, una nariz prominente y redondeada, y una frente despejada, expresiones de su fuerza interior y de su determinación ante la adversidad.

—Señora Bogdanova, ¿cúal era el nivel de ruso de su hijo?

—Muy alto, pues en casa siempre hablaba con él en ese idioma.

—¿Quiere decir que era capaz de mantener perfectamente una conversación?

—Por supuesto. De hecho, cuando sus tíos venían a visitarnos desde San Petersburgo —Galina nunca se refería a esa ciudad como Leningrado, nombre con el que la habían rebautizado los soviéticos—, se quedaban gratamente sorprendidos al entenderse con él a la perfección.

—¿Por qué Hans guardaba tan en secreto su dominio del ruso?

—Como comprenderá, en la Alemania nazi, con sus teorías sobre la inferioridad de la raza eslava y con una tienda de muebles en el pueblo donde vivíamos, las circunstancias no aconsejaban que el *tema* se airease mucho. De hecho yo, con mis *amigas,* o mejor dicho, con mis conocidas alemanas, trataba siempre de no tocar el tema de mis orígenes. Por otra parte, Hans era alemán de nacimiento y estaba totalmente integrado en la sociedad germana.

—¿Cuál era el estado de ánimo de su hijo cuando fue reclutado en 1941?

—Hans se sentía alemán y no le hacía mucha gracia la idea de tener que ir al frente a luchar contra su segunda patria, la de su madre y de sus abuelos; aunque no tuvo más remedio.

—Gracias, no tengo más preguntas.

La acusación pública, sí intervino esta vez aunque sólo fuese para manifestar que le había quedado claro el dominio de la lengua eslava por el soldado Hans, de lo que tomaba buena nota. Schneider no cabía en sí de gozo ante la inactividad demostrada por el ministerio fiscal: "En realidad me estoy enfrentando a un solo enemigo. De todos modos no me extraña nada la actitud de Schmitt, pues nunca ha demostrado mucho interés por este tipo de juicios, si no es para pedir una rebaja en la condena y no *pringarse* demasiado. Seguramente sus clases en la universidad le tendrán muy ocupado", pensó con ironía y satisfacción, pero sin dejar traslucir este sentimiento en su rostro, no fuese que Julius se pudiera incomodar.

Cuando llegó su turno, Arthur, que era un experto en el acoso y derribo de los testigos que se le resistían, se acercó intimidatoriamente a la madre de Hans. Galina, una mujer hecha y derecha, no se arredró, pero no pudo evitar sentir primero un escalofrío y luego un sentimiento de rabia al pensar en el hombre a quien ese abogado defendía, y en las consecuencias de la traición para su querido y adorado hijo.

—No es más cierto, señora Bogdanova, que Hans sentía una fortísima animadversión hacia todo lo que fuera nazi y en particular hacia los miembros de las SS.

—En el ambiente que se respiraba en aquel entonces, todos los jóvenes alemanes estaban muy influenciados por las doctrinas de Hitler. Mi hijo no podía ser una excepción, aunque yo trataba de que viera las cosas lo más objetivamente posible... y lo conseguí. Para él lo importante eran las personas, no lo que pensaran políticamente, aunque el hecho de que un individuo perteneciera a las SS no era una buena tarjeta de visita, ¡para qué nos vamos a engañar!

—¿Le escribió algo su hijo sobre una conversación entre el acusado, Kurt Peckmann, y un coronel ruso?

—No, sólo recibí 10 cartas, en alemán, antes de que mi pobre Hans decidiera poner fin..., las guardo como oro en paño y en ellas no mencionaba esa conversación, aunque sí me dijo que estaba muy sorprendido por los últimos acontecimientos. De todos modos, no creo que hubiera podido hacerlo, pues las cartas que nos llegaban de los campos rusos de prisioneros eran sistemáticamente censuradas; habría sido como firmar su sentencia de muerte.

**

El cuarto testigo de la acusación era Albert Bukovsky. Para que su declaración tuviera más fuerza y veracidad, no había firmado la denuncia contra el acusado. Con su temperamento sanguíneo, la apuesta de presentarle como testigo no estaba exenta de riesgos. Por ello, Hofmann se limitó a preguntarle sobre algunos aspectos muy concretos de los hechos.

—Señor Bukovsky, dígame: ¿cómo se encontraba Hans cuando les relató la conversación que había escuchado en el camión que les conducía al primer campo de prisioneros?

—Muy indignado. Acababan de caer muchos de nuestros compañeros. Como comprenderá, enterarse de que eso era debido a la traición del acusado... era muy duro.

—¿Cómo oía Hans?

—No le entiendo... ¿Qué quiere decir?

—Me refiero a si tenía alguna dificultad auditiva.

—Ninguna. Es más, con frecuencia el sargento mayor Klaus Zimmermann contaba con él como vigía avanzado y también para las patrullas nocturnas, donde era fundamental percatarse de todos los ruidos por muy pequeños que fueran.

—Entonces, usted dio una total credibilidad a lo que les contó sobre la traición de Peckmann.

—Sí, no me cabe la menor duda; lo que nos contaba era cierto. Lo tenía que haber oído muy bien.

—Gracias, señor Bukovsky. Señoría, no tengo más preguntas.

Julius Schmitt se declaró satisfecho de las preguntas formuladas por la acusación privada proclamando la consistencia del testigo, pero no fue más lejos. Schneider pasó inmediatamente al ataque:

—Si tan importante era lo que había escuchado Hans, ¿cómo es que no dejó una declaración escrita?

—Con Peckmann merodeando y los rusos involucrados en la cuestión, yo tengo mis dudas de que eso hubiera sido una buena idea. Le podría haber costado la vida.

—¿No es más cierto que fruto de su odio hacia los SS, se inventó toda la historia implicándoles a ustedes para que pareciese que era verdad?

—Mire, abogado, el oro estaba en la posición, se lo puedo asegurar. Yo lo vi con mis propios ojos.

—¿Y por eso hay que deducir que el acusado se quedó con parte de él, se vendió a los rusos y los traicionó a ustedes? ¡Vaya razonamiento!

—Pues sí. ¡Esa es la pura verdad! Todos los detalles como haber dejado la moto en la aldea, el día anterior al ataque, la avería de la radioemisora o la resistencia del *Hauptsturmführer* a dar órdenes de defenderse durante el primer enfrentamiento con los rusos, apuntan a que es cierto. ¡Él nos traicionó y causó la muerte de muchos soldados! Por otro lado, Hans era una buena persona y no se habría inventado una historia para causarnos tantos problemas e involucrar a un inocente. Se lo vuelvo a decir, lo que nos contó era la pura verdad.

—¿Usted era muy amigo de Hans, verdad?

—Sí, éramos muy amigos; era un ser extraordinario.

—O, ¿algo más que extraordinario?... usted ya me entiende —añadió Schneider en un tono dulzón y con una sonrisa pícara que iluminó su cara de melón.

—Pero ¿cómo se atreve?, ¿qué es lo que está usted insinuando? —le increpó el testigo, muy nervioso.

—Le repito la pregunta, señor Bukovsky, y desearía una respuesta clara: ¿se insinuaba usted a Hans para mantener, digamos, una relación especial con él? ¿Era muy fuerte y viril, verdad?

Entonces, el efecto buscado por Schneider se produjo. Bukovsky perdió completamente los papeles. Lleno de ira y al mismo tiempo de vergüenza, prorrumpió en gritos ininteligibles y bajó del estrado dirigiéndose hacia el abogado en actitud amenazadora, por lo que tuvo que ser expulsado de la sala. Una parte del público aprovechó entonces para insultar y dedicar al testigo los más procaces epítetos. Mientras tanto, Galina Bogdanova, sentada en una de las primeras filas del público, lloraba desconsolada. Siendo ella una persona muy tradicional y pendiente del qué dirán como buena aldeana, no pudo evitar afligirse pensando en lo que se estaba insinuando sobre su hijo.

Al ver que el interrogatorio derivaba hacia un terreno nuevo, inexplorado y muy peligroso, Hofmann trató de poner coto a la situación:

—¡Protesto, Señoría! Pero ¿qué tiene que ver esto con el juicio?

Schelner, por el contrario, estaba disfrutando mucho. Las cosas se estaban poniendo muy interesantes. "Es uno de mis mejores juicios —pensó—. No sé adónde quiere llegar Schneider pero pone ¡tanta carne en sus interrogatorios! ¡Este tipo me fascina!".

—Protesta denegada, señor Hofmann. Schneider, haga el favor de proseguir con el interrogatorio del testigo.

—Señoría, hemos obtenido información sobre Albert Bukovsky en los archivos de la policía, en las que antes se llamaban las *listas rosas*. Parece ser que es o, al menos... ha sido un hombre, digamos... un tanto ambigüo o si se quiere, prolífico en sus relaciones... digamos... sexuales.

En este momento, el abogado aportó como prueba documental una copia de la ficha policial del testigo. Inmediatamente fue puesta a disposición de la acusación particular, que la impugnó, y del ministerio fiscal, que pidió su confirmación por el Ministerio del Interior. En ella se relataba la detención de Albert Bukovsky durante el transcurso de una redada en *Eldorado* —un famoso local gay de Berlín—, junto con otras muchas personas que, según decía la ficha, habían sido vistas en: "...posturas que contravienen la moral y el decoro públicos..." y que "... inducen a sospechar la existencia de una posible relación carnal...".

A Hofmann, la lectura del documento y el resultado del interrogatorio de Bukovsky no le gustaron nada. En su afán de desmontar los testimonios de la acusación, Schneider, que tenía muchas relaciones, mucha influencia y muchos contactos, algunos incluso algo heterodoxos... en los bajos fondos, había investigado al testigo y obtenido el documento policial. Además, a diferencia de la *Nemesis-verein*, disponía de todo el apoyo financiero necesario para *obtener* información. Pero no contento con el efecto que había provocado, Schneider inoculó todavía más alcohol en la herida abierta.

—Señoría, uno de los testigos que ha propuesto esta defensa aclarará todas las dudas de la acusación sobre este episodio, que nosotros consideramos muy importante y que pone en cuestión la idoneidad del señor Bukovsky para declarar. —Luego, volviéndose hacia Hofmann, le dedicó una sonrisa cínica al tiempo que le decía—: No se preocupe tanto, señor Hofmann. —A éste entonces, se le agotó la paciencia.

—¿Cómo se atreve usted? Señoría, estos comentarios son impropios de un letrado, y ya estoy empezando a cansarme.

A Schelner, por el contrario, la frescura y aparente ausencia de escrúpulos de Schneider le gustaban mucho. En el fondo, se sentía muy identificado con esta manera de actuar, que seguramente le recordaba otros tiempos más felices para su peculiar estilo de impartir justicia. Sin embargo, esta vez, fingiendo una cierta imparcialidad, no tuvo más remedio que intervenir:

—Señor Schneider, no ve que puede importunar a nuestro letrado acusador. ¡Absténgase de comentarios irónicos y cíñase a los hechos! Dicho ello —añadió mirándole con simpatía y utilizando una voz seductora—, este juez considera de gran interés lo que usted está tratando de probar.

"¡Toma ya!", pensó Hofmann escandalizado. "Parece que los dos están de acuerdo, como dos amantes".

La referencia a la dudosa identidad sexual de Bukovsky y su atracción por Hans Witzke eran un golpe de efecto con el que Schneider, con habilidad innegable, había sorprendido a todos. Cuando halló la información, dio la máxima importancia al descubrimiento. Él sabía lo sensible que era la opinión pública, y por tanto el jurado, a un tema que todavía distaba mucho de resolverse. Tanto en la recién fundada República Federal de Alemania, como en la República Democrática de Alemania, la homosexualidad era considerada delito en sus respectivos códigos penales.

**

Durante la República de Weimar, la homosexualidad había sido tolerada y los movimientos a favor de la derogación del Art. 175 del Código Penal Bismarkiano, que la sancionaba, habían sido muy pujantes consiguiendo casi su objetivo. El *Institut für Sexualwissenschaft* —Instituto para la Investigación Sexual—, dirigido por Magnus Hirschfeld, era la organización más importante en defensa de los derechos de los homosexuales. La crisis de 1929 y las dificultades posteriores hicieron que el problema de la despenalización de la homosexualidad pasara a un segundo plano. Con la llegada de Hitler al poder, la homofobia vuelve a estar de moda y los homosexuales empiezan a ser perseguidos, a pesar de que en las filas nazis importantes personalidades, como Ernst Rhöm, lider de las SA, lo eran. En la *Nacht der langen Messer* —la Noche de los Cuchillos

Largos—, el 30 de junio de 1934, Hitler se desprende de las SA y Rhöm cae en desgracia, siendo apresado y posteriormente asesinado. A partir de este suceso, la persecución se recrudece.

El acoso a los homosexuales en la Alemania nazi se fundamentó principalmente en dos premisas: la incompatibilidad de la homosexualidad con la ideología nacionalsocialista, porque los homosexuales no se reproducían y por tanto no perpetuaban la raza aria; y el hecho de constituir la homosexualidad una de las pruebas de degeneración racial que se transmitía por vicio de unos individuos a otros. La consecuencia es que las autoridades debían poner todos los medios a su alcance para evitar su extensión. Aunque Hitler no parecía tener nada en contra de los homosexuales mientras permanecieran discretos; con su llegada al poder, la redacción del Art. 175 del Código Penal se agravó. Ya no se condenaría únicamente la penetración, sino también cualquier otra acción o *práctica habitual* entre homosexuales, independientemente de la técnica sexual empleada; por ejemplo, la masturbación en presencia de otro hombre o el tocamiento con intención licenciosa pasaron a ser delitos.

Sólo entre 1933 y 1941, más de 100.000 hombres sospechosos de homosexualidad fueron detenidos por la policía; aproximadamente la mitad procesados y algunos condenados a muerte. Según el profesor Rudiger Lautmann, entre 10.000 y 15.000 homosexuales fueron enviados a los campos de exterminio. Se les identificaba con un triángulo rosa que debían llevar visible sobre su uniforme. De ellos, aproximadamente el 53%, no sobrevivieron. El control era muy eficaz. En junio de 1936, por orden de Himmler, se crea la *Reichszentrale zur Bekämpfung der Homosexualität und der Abtreibung* —Central del Reich para la Lucha contra la Homosexualidad y el Aborto, que formaba parte de la Gestapo, la Policía Secreta del Estado. En octubre de 1939, la central pasa a integrarse en el *Reichskriminal-polizeiamt*

—La oficina de la Policía Criminal del Reich—. La finalidad del organismo era la recopilación y el registro central de las fichas de los incluidos en las listas rosas.

Después de la guerra, a pesar de la persecución a la que habían sido sometidos, los homosexuales fueron ignorados en prácticamente todos los monumentos, estudios y museos; en los juicios de Núremberg, no aparecen. Ninguno de los prisioneros del triángulo rosa recibió una compensación del Estado Alemán; tampoco se computó para la jubilación el tiempo pasado en la cárcel o en los campos de concentración. Hasta noviembre de 2000, es decir 55 años después del final de la Segunda Guerra Mundial, el Gobierno alemán no pedirá disculpas por las deportaciones y torturas sufridas por los gays y las lesbianas en la era del Nazismo.

**

El siguiente testigo de la acusación era el antiguo cabo Thomas Schulze. Como suele ocurrir a menudo, Schulze, que no compartía las ideas políticas de Willy, era de los que mejor se llevaban con él en Ucrania. — Salvo con los más sectarios y menos inteligentes, las relaciones humanas, guiadas principalmente por la química, las emociones y los sentimientos, poco tienen que ver con las opciones políticas—. El hecho es que el tiempo había sedimentado entre los dos ex soldados una gran simpatía y afinidad personal, y Thomas le había demostrado en más de una ocasión que era un verdadero amigo, de esos con quienes puedes contar en casos extremos.

Después de pedirle que relatase la parte que conocía de los hechos, fundamentalmente la reacción del acusado cuando se produjo el primer ataque a la posición, el abogado Hofmann quiso destacar la validez de su testimonio. Era fundamental dejar claro que, en aquella época, Thomas no sentía ninguna animadversión hacia las SS ni contra un régimen que él había apoyado y así lo reconocía:

—Aunque hoy pueda parecer osado y fuera de lugar, yo sintonizaba con las ideas nacionalsocialistas, sobre todo en cuanto a la necesidad de que exista un líder que conduzca el Estado, como algo consustancial a la naturaleza humana. Esto no significa que estuviera a favor de los crímenes cometidos, que no admiten justificación alguna. No quiero que se me confunda a este respecto.

—En la línea de lo que acaba de expresarnos, es decir, a pesar de su simpatía hacia el régimen y sus servidores más cualificados, usted ha reconocido que no vio bien la actitud del *Hauptsturmführer* de las SS en el primer ataque a la posición de la compañía. ¿Puede explicarlo al jurado?

—Una cosa no tiene nada que ver con la otra. A mí, desde el principio, su conducta me pareció muy rara. No podía concebir la actitud, permítaseme la expresión, tan cobarde, de una persona que al fin y al cabo era oficial de la Wehrmacht.

—¿A qué cree usted que se debía esa actitud derrotista?

—Para mí, el tema está claro. Por lo que pasó después y, en especial, por lo que he llegado a saber a través del relato de Hans Witzke. ¡Todo cuadra! Después de su pacto con el enemigo, Peckmann tenía mucho interés en que los rusos tomarán enseguida la posición. Era lógico que nos ordenara rendirnos y no presentar batalla. Luego está también la avería o mejor dicho el destrozo de la radioemisora, que yo pude comprobar personalmente. ¿Y por qué dejó la moto BMW en la aldea? Estaba claro que el SS no quería correr el riesgo de que pudiéramos avisar del ataque al cuartel general, ya que entonces habrían enviado inmediatamente a la aviación o a tropas de rescate. Sin vehículo y sin radio, no podíamos pedir ayuda.

—Entonces, usted no cree que su deseo de rendirse tuviera intenciones altruistas o religiosas.

—¡No!, y no creo equivocarme.

—Usted, ha reconocido ante el presidente del tribunal que no sabía ruso, y que no escuchó personalmente la conversación entre el acusado y el coronel enemigo en el camión, el día de la rendición ¿No es así?

—Sí, así es, pero Hans se lo relató a Albert Bukovsky, a Klaus Zimmermann y al cabo Walter Schuhmacher. Yo no dudo de la veracidad de lo que ellos me contaron, pues se trataba de camaradas muy responsables, de los que te podías fiar.

—Gracias, Señoría, no tengo más preguntas.

—Tiene la palabra el acusador público.

Para Schelner, la actitud del fiscal, a quien conocía bien por otros juicios, no le extrañaba nada. "Es un buen funcionario... no me cabe la menor duda, pensó, de esos que creen que si mueven un dedo, se quedan con el asunto. ¡Ojalá todos fuesen así!, me ahorraría muchos dolores de cabeza", culminó sus reflexiones y, como Schneider, no dejó que el tono de su voz o su semblante desvelasen el menor atisbo de ironía o de satisfacción por lo bien (!) que se estaba comportando el representante del Estado en la persecución del delito.

—Gracias, Señoría, sólo quiero preguntar al testigo cuan-tos años llevaba perteneciendo al Partido Nazi y que cargo ocupaba en el mismo.

—Primero, como todos los jóvenes alemanes, perte-necí a las *Hitler Jugend* —las Juventudes Hitlerianas—. Luego en 1939, me afilié al partido, pero era un simple militante de base. No era un soplón ni nada parecido. Simplemente me identificaba con bastantes de sus ideas, aunque luego me fui desencantando de los, llamémoslo así, *procedimientos*.

—Gracias, señor Schulze. Señoría, no tengo más preguntas.

—Muchísimas gracias, ministerio fiscal. Tiene la palabra el abogado de la defensa.

La solidez de Thomas Schulze hizo que Schneider le hiciera insistir sobre su condición de testigo indirecto, no presencial, del relato de Hans Witzke a sus compañeros. Luego, como buen perro de presa, no pudo evitar hacer más sangre sobre la supuesta relación o intento de relación *amorosa* entre Bukovsky y Hans.

—¿No notó usted nada raro en el exceso de atenciones que el soldado Albert Bukovsky prodigaba a Hans Witzke?

—No sé a qué se refiere.

—Me refiero a relaciones o tentativas de relaciones, más bien licenciosas. Ustedes los soldados de la 150 estaban todo el día juntos, lejos de sus novias... sin mujeres..., usted ya me entiende, la carne es débil... y en esas circunstancias de aislamiento... uno puede confundirse o confundir las cosas...

Thomas, que al estar aislado como testigo no tenía noticia del incidente protagonizado minutos antes por Bukovsky, se dio sin embargo perfecta cuenta de la maniobra y se defendió con la sinceridad.

—¡Juntos!, pero no revueltos. Yo no llevaba mucho tiempo en la compañía para poder describir con detalle las confianzas que se tenían. Lo único que sí puedo afirmar es que, como muchos de entre nosotros, se caían bien. —Como vio que el testigo seguía siendo muy sólido en sus declaraciones y que apenas se inmutaba, Schneider se batió finalmente en retirada sin hacer más preguntas.

Acto seguido, en el orden que había establecido el juez Schelner, el turno llegó a los testigos que había propuesto la defensa. El primero de ellos era alguien totalmente inesperado, el que fue segundo de a bordo de la Compañía 150, el *Oberleutnant* —teniente— Maximilian Engel.

**

Max era de esas personas reservadas y discretas, con quienes no puedes tenerlas todas contigo, con las que nunca sabes a qué atenerte. En más de una ocasión comprometida, Willy lo pudo comprobar. El capitán aprendió así a conocer y a calibrar a Max, en los momentos de peligro, cuando se necesita más ayuda y sale a relucir lo mejor... y también lo peor de cada persona. Las experiencias, tan traumáticas, que había vivido en la guerra y luego en el campo de prisioneros, le habían permitido experimentar y analizar a fondo las reacciones humanas en circunstancias extremas, llegando a sus propias conclusiones:

"Entre los que se dicen *amigos* y que de amigos no tienen nada —pensaba—, hay personas, la mayoría, que en cuanto se perjudiquen un poco o simplemente prevean que pueden perjudicarse, te niegan su ayuda y te lo dicen. A estos hay que respetarlos, incluso valorar su despiadada sinceridad, pues te avisan de que no puedes contar con ellos, dicen la verdad, no te hacen perder el tiempo, y no alientan en ti falsas esperanzas.

Luego están aquellos de tus amigos con los que puedes contar parcialmente. Estos son los *remolones*, los *comodones*. Te pueden poner en cuestión o hacerte demasiadas preguntas, quizás atenazados por su egoísmo, sus inseguridades y desconfianzas, o su carácter débil; pero luego, aunque les cueste mucho dar el paso, te ayudan. Su conducta es positiva, humana, y comprensible. En tercer lugar, están los elegidos, los seres superiores, los que son capaces de sufrir, de pagar un precio para ayudar a los demás, especialmente a sus amigos. Sienten dolor... pero a pesar de ello, ¡se dan! Son los excelentes y son un tesoro... porque te quieren de verdad. Hay muy pocas personas tan empáticas en la vida de cada uno de nosotros, y ellos son verdaderos seres de luz.

En el lado negativo, los peores entre los que se llaman tus amigos son aquellos que primero te dicen, clara y animosamente, que pueden y te van a ayudar, pero luego, cuando llega la hora de la verdad, te niegan pura y simplemente, y lo hacen con excusas tan superficiales y banales que te dejan completamente desconcertado... y asqueado. Estos se comportan peor que los enemigos declarados; que son mucho más nobles. Se convierten en ratas traicioneras, en seres hipócritas y abyectos que si en un momento dado te brindaron su apoyo, a la hora de la verdad no fueron capaces de mantener su palabra y huyeron cobardemente, abandonando al que ellos llamaban *amigo*. En algunos casos, en el colmo del cinismo, estos *amigos* se permiten emitir, a toro pasado, juicios morales sobre tu comportamiento, en vez de ofrecerte la ayuda que imperiosamente estás necesitando. Son aquellos que mientras ven que te estás quemando en la hoguera, te dicen que el extintor mejor te lo dan mañana, porque ahora les viene mal".

Max se encontraba en este último grupo pero aunque Willy intuía lo frío, psicópata, e hijo de puta que podía ser, todavía guardaba un atisbo de esperanza de que sus sospechas no fueran confirmadas por los hechos.

De extracción humilde, Maximilian Engel había destacado desde pequeño en el deporte y en los estudios. Era muy precoz en todo, casi se podía decir que, cuando tenía 20 años, ya era viejo. Su cerebralidad, su materialismo enfermizo y su casi ausencia de sentimientos verdaderos, le llevaban a planificar su vida al mínimo detalle como si en lugar de una persona fuese una máquina o una empresa muy minuciosa. Esta ausencia de frescura y de espontaneidad iba a caracterizar toda su existencia, impregnando sus relaciones con los demás y, por supuesto, su comportamiento durante la guerra. Max se graduó en junio de 1939 como oficial del ejército de tierra, con las mejores notas, pues era muy brillante en la academia. Al poco tiempo fue destinado a la frontera con Polonia y participó en la invasión de este país, en septiembre del mismo año. Posteriormente se incorporó al Grupo de Ejércitos Sur en el Frente del Este, participando en la Operación Barbarroja.

Fue durante la campaña de Rusia, en los inicios del mes de septiembre de 1942, cuando Willy confirmó con mucha amargura que no podía confiar en él, que en realidad estaba en presencia de una persona fría como un témpano de hielo y desleal, de los que en el momento más inesperado te iban a vender. El hecho gravísimo, que corroboró sus sospechas, fue el siguiente:

Willy tenía órdenes estrictas de tomar una posición rusa que dificultaba el avance general. Una semana antes, dos compañías de infantería de la Wehrmacht habían fracasado ya en el intento, siendo prácticamente aniquiladas. Sin embargo, los mandos se empecinaron; había que tomar esa cota enemiga al precio que fuere. Sin preparación artillera que debilitase las defensas, sin apoyo aéreo y sin protección blindada, el ataque frontal de la infantería era una locura y Willy lo sabía. Cuando miraba a sus hombres, no podía dejar de pensar en cuántos iban a morir. Entonces, antes del ataque, programado para las 10 de la mañana del día siguiente, se acordó del teniente Engel al que habían llamado al cuartel general. Max tenía gran amistad con varios aviadores de caza de la *Luftwaffe* y el aeródromo de combate, donde estos estaban destinados, se encontraba a unos escasos 100 kilómetros de la posición.

"En 15 minutos puedo tener los cazas aquí,"pensó Willy, a quien se le abrieron los ojos ante la posibilidad de machacar las posiciones rusas antes del ataque de la infantería. "Max nos echará una mano y conseguirá que, *extraoficialmente*, los cazas secunden nuestra acción". Inmediatamente se puso en contacto telefónico con el oficial y le pidió el favor.

—¡Cuenta con ello!, capitán —le dijo éste en un tono que no dejaba lugar a dudas—. Ahora mismo no puedo comunicarme con el aeródromo, pero esta tarde hablaré sin falta con mis amigos pilotos y te confirmaré el apoyo. —La conversación, que llenó a Willy de sosiego, ocurría en la mañana del día anterior al ataque. Pero luego, por la tarde, en la segunda conversación telefónica que mantuvo con su oficial, las sensaciones que percibió fueron muy distintas— :

—Te voy a ayudar, de hecho ya he hablado de la cuestión con mis amigos de la *Luftwaffe*; pero lo que no comprendo es cómo no has buscado otros medios antes, ¡hay que anticiparse a los hechos!, ¡me pones en una situación!... bueno, en fin... ¡cuenta con ello!

—¡Gracias, teniente! Entonces te llamo mañana a las ocho, para que me confirmes el apoyo aéreo, ¿de acuerdo?

—No, mejor mañana antes del ataque, aviso yo. No hace falta que me llames, ¡tranquilo!

Sin embargo, Willy no se quedó tranquilo; la nueva actitud de Max no le había gustado nada. La conversación con su teniente le dejó un tanto sorprendido y al mismo tiempo, frío. ¡Le estaba recriminando que no hubiera tomado otras medidas!, cuando sabía perfectamente que si le llamaba era porque no podía obtener ninguna ayuda oficial, porque la situación era desesperada. ¿A qué obedecía ese cambio, esa falta de claridad, esa crueldad, cuando la vida de muchos de sus camaradas estaba comprometida en el ataque?

Llevado por su intuición, y también por la prudencia y la humanidad, Willy, como jefe responsable de la vida de sus hombres, dejó de preocuparse y se ocupó. El expediente fue recurrir al comandante en jefe del regimiento, el *Oberst* —coronel en el Heer—, Ludwig von Heusenberg, quien estaba al mando de las operaciones en el sector donde se encontraba la Compañía 150. En contra de su propia opinión, el coronel tenía órdenes estrictas de no reforzar el ataque que debía llevar a cabo dicha unidad. Nada más finalizar su conversación con el *Oberleutnant* Max Engel, Willy telefoneó al Cuartel General del Regimiento.

—¡Coronel!, si las circunstancias fueran otras, no le pediría ayuda. Mañana van a morir, ¡vamos a morir muchos! Cumpliremos las órdenes y tomaremos la posición, pero le ruego que nos mande unos cuantos tanques, así la infantería avanzaría a resguardo de los blindados y también ablandaríamos las defensas rusas.

—No puede ser, Willy —le respondió el coronel, muy a su pesar suyo—, el teniente general Eberhardt me lo ha advertido expresamente: *"¡Die Truppen müssen umbedingt auf der Stelle bleiben, keine Bewegung wird erlaubt!"* —¡Las tropas deben permanecer forzosamente en su sitio, ningún movimiento será autorizado!—. No podemos apoyarle —concluyó—, los tanques deben estar preparadospara otras acciones inminentes.

Pero en el fondo, conociendo a Berthold Eberhardt, el coronel no daba mucho crédito a sus instrucciones. Su disciplina tenía un límite cuando sobre el terreno se planteaban problemas extremos. En este caso además, las pretendidas acciones inminentes brillaban por su ausencia, según había podido comprobar en la reunión de coordinación mantenida con los otros coroneles de la división.

Willy, ajeno a los pensamientos de su superior y dando ya el intento por perdido, tiró la toalla:

—No se preocupe, mi coronel, aunque no se salve ninguno de nosotros, ¡tomaremos la posición! *¡Es lebe Deutschland!* —¡Viva Alemania!—. Pero antes de que éste colgara el auricular, Von Heusenberg hizo un esfuerzo supremo:

—¡Espere, Willy!... ¡Tranquilícese!... No le prometo nada, pero voy a intentar que mañana, a las diez menos cuarto, tenga usted una sección de tanques a su disposición. La condición es que la toma de la posición rusa sea un éxito, si no, no hay trato.

—¡Se lo aseguro, mi coronel! —exclamó el capitán emocionado—. Voy a comunicarlo ahora mismo a la tropa. Quiero que sepa que siempre podrá contar con nosotros, ¡es un honor servir a sus órdenes! ¡Muchas gracias!

—Yo sé que usted habría hecho lo mismo, si estuviese en mi lugar.

—¡Póngame a prueba, señor!

—Está bien, Willy, ¡buena suerte!

Así las gastaba Von Heusenberg; por eso su regimiento era el que mejor funcionaba de toda la división, aquél donde había más sintonía entre los soldados y sus oficiales. Había que estar a las duras y a las maduras, y Heusenberg, como le llamaba el general Eberhardt, era excelente; pues con estas acciones arriesgaba su carrera militar... pero no le importaba demasiado frente al valor de la vida de sus hombres, de sus *Kinder* —niños—, como se refería a ellos a menudo. El día del ataque, a las ocho de la mañana, Max llamó al capitán Meinhof:

—Mi capitán, verá... no sé cómo decírselo pero... va a ser imposible que les secunden los aviones en el ataque. Si fuera más adelante, por ejemplo... dentro de tres o cuatro días... no habría ningún problema, ¡se lo aseguro!, pero ahora..., aunque he estado hablando con los pilotos, dificultades de última hora han surgido y casi prefiero que no actúen en esta ocasión. Voy a quedar muy comprometido y... no es el mejor momento.

—¿Cómo me dice esto dos horas antes del ataque? ¿Por qué no me lo dijo ayer? —le reprendió Willy indignado.

—Ya lo sé, pero...

—Gracias, Max —le cortó secamente—, si necesito su ayuda más adelante, se la pediré, —y le colgó—. "Increíble", pensó Willy, "¡y éste era mi amigo!".

Klaus, que había asistido a la conversación y tenía conocimiento de todo lo que había pasado, se quedó también de piedra:

—¡Nos las arreglaremos, mi capitán!, no cuente más con ese cerdo traidor. Se ha comportado como una verdadera rata, como un hijo de puta. Sólo le importa su asquerosa vida mezquina, pero ya le hemos descubierto, ¡ya se ha retratado!

La toma de las trincheras enemigas se ejecutó muy bien y con muy pocas bajas. La Compañía 150 fue mencionada con honores en el parte de operaciones. Ante ello, el general Eberhardt tuvo que suavizar sus críticas y, por supuesto, aprovechó la ocasión para atribuirse enteramente el éxito de la operación. Utilizando su mejor estilo para justificar el acto de indisciplina, aludió a la brillante capacidad de iniciativa de sus tropas, más allá de los *formalismos caducos de la vieja escuela*.

A partir de ese momento, Maximilian Engel —que, por cierto, no había honrado su apellido, pues Engel significa ángel— dejó de gozar de la confianza de Willy y del aprecio de los hombres de la unidad que, como era inevitable, acabaron enterándose de lo que había ocurrido. Por suerte, a principios de julio de 1943, una herida grave les libró de la presencia del teniente. Durante el mes de octubre del mismo año, cuando los supervivientes de la compañía fueron apresados por los rusos, Max todavía permanecía convaleciendo de sus heridas en un hospital de Berlín. —A veces, las ratas tienen mucha suerte—.

**

Convocado por el juez Schelner, el que fue *Oberleutnant* de la Compañía 150 se dirigió altanero hacia el estrado de la Sala, sin dirigir siquiera una mirada a sus antiguos compañeros de armas que preferían también ignorarle despectivamente; aunque prestaron mucha atención a su testimonio. Con la declaración de Maximilian Engel, el objetivo a batir por Schneider eran Hans Witzcke y el ex capitán Meinhof. En este empeño se empleó a fondo:

—Señor Engel, ¿cuánto tiempo estuvo usted sirviendo en la Compañía 150 antes de que le hirieran?

—Desde el inicio de la Operación Barbarroja hasta el mes de julio de 1943, es decir, más de dos años.

—Durante ese tiempo, ¿llegó usted a conocer bien a la mayoría de los soldados de la unidad?

—Sí, y en mayor medida a los de mi sección.

—¿Se encontraban en su sección los soldados Hans Witzke y Albert Bukovsky?

—Así es.

—¿Cómo se llevaban estos dos soldados?

—Era público y notorio que se llevaban muy bien.

—¿Qué quiere decir con eso de que *se llevaban muy bien*? —continuó preguntando Schneider elevando el tono de voz.

—Bueno, a mi juicio, Bukovsky se pasaba un poco. La

88

verdad es que Albert no disimulaba su admiración física y psíquica por Hans. Siempre estaba diciendo: "Lo que diga Hans va a misa", o, "mi Hans siempre tiene razón".

—Y ¿cómo reaccionaba éste?

—Era un poco vanidoso y los elogios de Albert no le molestaban del todo, aunque a veces le escuché decirle a Bukovsky que le dejara ya en paz. Lo cierto es que siempre que Hans salía de patrulla; Bukovsky se apuntaba. No le dejaba ni a sol ni a sombra. Esto es un hecho innegable.

—Gracias, señor Engel. Pasando ahora a otro orden de cosas: ¿cuál era la opinión del capitán Wilhelm Meinhof sobre el régimen nazi y los SS?

—Muy negativa. En las conversaciones que manteníamos en privado, me manifestaba su desacuerdo y su repugnancia por todo lo que oliese a uniforme de las SS.

—Gracias, no tengo más preguntas.

Al enterarse de que Maximilian Engel iba a testificar por la defensa, Willy le contó a Hofmann con pelos y señales la trayectoria del teniente en la Compañía 150, en especial el *incidente* del ataque de septiembre de 1942, y la opinión que el oficial le merecía, confirmada al abogado por otros miembros de la unidad.

"¡Cómo nos está vendiendo el muy cabrón! —pensó Hofmann mientras escuchaba el interrogatorio del testigo—. Se podía haber callado sobre las tendencias de Bukovsky y las ideas políticas de Meinhof. Con esas declaraciones, va a conseguir azuzar los prejuicios de algunos miembros del jurado contra nosotros, y convertir las denuncias en una batalla ideológica contra el nacionalsocialismo y los SS".

Esto es precisamente lo que pretendía Schneider: hacer creer al jurado que los testigos de la acusación no eran fiables, por concurrir en algunos comparecientes *hechos atípicos*, o por actuar otros, movidos por razones fundamentalmente ideológicas o sentimentales. Pero Albert Hofmann era un hueso duro de roer, y cuando le llegó el turno de repreguntar al ex teniente Maximilian Engel, no se quedó inerme ante la táctica y las intenciones de Schneider.

—¿Cómo se llevaba usted con el capitán Meinhof?

—Bien, conforme a la escala de mando.

—¿Qué nos quiere decir?, ¿que no se hablaban fuera del trato oficial?

—¡No, qué va!, teníamos un trato agradable.

—¿Seguía siendo así después del incidente de septiembre de 1942?

—¿De qué incidente habla?

—De cuando usted primero ofreció y luego retiró su ayuda a la Compañía 150, de la que usted formaba parte, antes de que ésta atacase a pecho descubierto una posición soviética muy fortificada.

—¡Eso no es cierto!, ¿qué está insinuando?

—Que usted, pudiendo ayudar a la compañía, a su sección, ¡a sus camaradas frente al enemigo! No lo hizo, después de comprometerse personalmente a ello. —"Donde las dan las toman —pensó Albert por unos instantes, acordándose del interrogatorio despiadado al soldado Bukovsky".

— Si me permite, Señoría, miembros del Jurado —continuó—, les adelanto que el vergonzoso episodio que voy a referirles puede ser corroborado por dos testigos que intervinieron en los hechos: el que fue sargento mayor Klaus

Zimmermann y el ex capitán de infantería Wilhelm Meinhof. Los dos se encuentran ahora fuera de la sala, pero en su momento subirán al estrado para ser interrogados.

Acto seguido, Hofmann relató brevemente pero con gran precisión lo que había acontecido en septiembre de 1942 y prosiguió con el interrogatorio:

—Señor Engel, ¿qué tiene que decir a esto?

—Que todo es mentira.

En ese momento, espontáneamente, los antiguos soldados de la Compañía 150, que estaban sentados entre el público, se levantaron y empezaron a silbar y a llamar mentiroso y cobarde al testigo. Schelner, en una de sus reacciones inesperadas, dejó que los *espectadores* del juicio... de su juicio, se soliviantasen y se desahogasen. Sólo cuando vio que el asunto se le iba de las manos, impuso orden y decretó la expulsión inmediata de la sala de cuatro de los *alborotadores*. Pero estos, indignados, antes de ser expulsados dedicaron unos cuantos epítetos al juez que, en el colmo de la vanidad, se sintió tan incomprendido como lo fue en su día la heroína francesa Santa Juana de Arco.

Cuando todo se calmó, el proceso continuó:

—¿No es más cierto, señor Engel —preguntó Hofmann—, que a raíz de aquel suceso usted se ganó el rechazo y el desprecio de prácticamente toda la compañía?

En ese momento, Max se vio contra la espada y la pared. Negar lo evidente era muy arriesgado, así que optó por lanzar un órdago:

—Cuando le comuniqué al capitán lo que pasaba, yo ya sabía que los tanques irían a apoyar el ataque de la infantería.

—¡Vaya, vaya!, señor Engel, o sea que usted tenía conocimiento de una acción extraoficial, que se había pedido con toda discreción un día antes de que pudiera realizarse y que además no estaba asegurada, ¿no es así?

—Estaba asegurada, si no el coronel Von Heusenberg no se habría brindado a ayudar a la compañía. Yo, por ese lado, estaba tranquilo.

—Y ¿cómo se enteró usted?, ¿tenía intervenida la línea telefónica que comunicaba la compañía con la jefatura del regimiento?, ¿era vidente o profeta? —En ese momento, el público no pudo evitar desternillarse de risa.

—Lo sabía por otros conductos —respondió el testigo que se había puesto rojo como un tomate al ser pillado, como se dice vulgarmente, *con el carrito del helado*, es decir, mintiendo descaradamente.

—Gracias, señor Engel. Señoría, no tengo más preguntas.

—El señor fiscal tiene la palabra.

—Señoría, después de las intervenciones de los letrados, considero que el testimonio de *Herr* Maximilian Engel nos ha aportado mucha luz y está agotado, por lo que no voy a hacerle más preguntas.

—Gracias, señor Schmitt. Puede pasar el siguiente testigo.

Hofmann se había quedado perplejo ante lo manifestado por Julius: una de cal y otra de arena. En el fondo no había dicho nada y se había quedado tan pancho. "Desde luego, por sus intervenciones, no acaba de definirse. De todos modos, es mejor que siga manteniéndose neutral", pensó el letrado.

**

El séptimo testigo del día, y segundo de la defensa, era Werner Moritz. Werner y el acusado se habían conocido cuando éste volvió de Rusia después de la guerra, y enseguida congeniaron. Peckmann no podía levantar su empresa de construcción a solas, sin la ayuda de alguien que conociera ya el negocio y sin un camuflaje legal de sus *fondos*. Necesitaba imperiosamente el concurso de alguien que, como él, carente de escrúpulos, quisiera medrar rápidamente en la escala social, económica y política de la nueva Alemania, sin reparar en los medios. Werner era su hombre.

Nada más acabada la guerra, el señor Moritz, un hombre de 42 años, delineante de profesión y encargado de obra, no desperdició ni un instante para sacar partido de las expectativas que generaba la reconstrucción del país. El sistema elegido se basaba en el engaño. Primero embaucaba a sus víctimas, para que invirtieran en el boyante negocio de la construcción, prometiéndoles pingües beneficios. El método utilizado era, por un lado, inflar la cantidad necesaria para acometer las obras y la compra del inmueble; por otro, ofrecer a los interesados plazos de ejecución que él, como profesional del ramo, sabía imposibles de cumplir.

Luego, con sus secuaces, utilizaba el dinero ajeno en la compra y reforma de varios pisos suyos, dando largas a los inocentes inversores que no veían el momento, ¡no ya de obtener beneficios!, sino de recuperar su capital. En resumidas cuentas, una forma de financiarse con tipo de interés cero, sin tener que contender con los pelmazos y crueles bancos, y sin los riesgos de la morosidad o de la ejecución de una hipoteca. El tiempo pasaba y los inversores se desesperaban. Veían cómo los trabajos no avanzaban nada o avanzaban muy lentamente, y cuando ya empezaban a padecer insomnio, a hablar solos y a sentirse estafados, entonces Werner, con su sonrisa angelical, venía a decirles que era mejor que lo dejaran, pues habían surgido dificultades añadidas que impedían continuar con el negocio.

Pero en ese momento, con la financiación de los incautos, él ya había completado sus obras e incluso las había vendido, así que les devolvía su dinero salvo algunos *descuentos*, después de vender el inmueble o de quedarse con él. Las víctimas, a quienes todo hay que decirlo, la codicia había seducido, acababan recuperando a duras penas parte de su dinero, y encima le estaban a Werner muy agradecidos, pues les había quitado un gran peso de encima. El éxito del engaño se debía también a otros dos factores: la labia del constructor, un experto vendedor, charlatán y embaucador, capaz de convencer de algo al mismísimo diablo y, sin duda alguna, la planta de este empresario.

De mediana estatura y bien proporcionado, Werner destacaba por su fornido cuerpo que había pulido en los gimnasios, con unas anchas espaldas y unos brazos y piernas musculosos que le daban un aspecto poderoso. Su cara ovalada y de finas facciones, sus ojos verdes y su abundante pelo encanecido, le habían convertido en un hombre interesante y atractivo. Con esta excelente tarjeta de visita y un olfato especial para los negocios, lo que le hacía falta era dinero, mucho dinero, y ahí se encontró de repente con Peckmann, la horma de su zapato, un filón de oro que había que explotar.

Enseguida se entendieron... y se asociaron. En realidad, Werner era a la vez tapadera y conseguidor para las actividades mercantiles de su nuevo amigo. Uno de sus primeros servicios fue aparentar que participaba con grandes sumas en los negocios inmobiliarios del acusado. Con ese fin, Peckmann le entregó gran parte del dinero procedente del oro. Luego, con los fondos recibidos, Werner simuló contratos de participación en las inversiones de la recién constituida *PWG-AktienbauGesellschaft,* en cuyo capital también participaba. El último acto consistía en ingresar el numerario en las cuentas bancarias de la sociedad, sin hacer preguntas sobre el origen de los fondos.

A cambio del *favor*, disponía de financiación para sus actividades, que ahora compartía con Peckmann, sin dejar de seguir buscando, encontrando, y engañando a personas que cegadas por la avaricia se ponían en manos del pícaro *empresario*. El negocio fue viento en popa y ya en 1952 la cifra de ventas que manejaba la *PWG-Aktienbaugesellschaft* era muy alta en comparación con otras de su mismo género y tamaño en Duisburgo.

A Hofmann, la comparecencia de este testigo no le extrañó nada. Era de esperar, ¿pues cómo si no iba a justificar el acusado la financiación necesaria para iniciar sus negocios? Del otro lado, el interrogatorio de Schneider estuvo en la línea de lo que se esperaba:

—Así que usted, señor Moritz, compartía, por así decirlo, la vida y el destino económico del acusado.

—Si lo quiere llamar así, me parece una buena descripción.

—¿Qué cantidades entregó usted a la *PWG AktienbauGesellschaft* para que emprendiera sus actividades empresariales?

—Yo tenía una fe ciega en Kurt. Nunca había conocido una persona tan válida para los negocios y en quien se pudiera confiar tanto. Así que no tuve inconveniente en proveerle de los fondos necesarios.

—¿Cuál era el importe de esa financiación?

—Si mal no recuerdo, las primeras entregas fueron de dos millones de marcos.

—Señoría, quisiera exhibir al jurado los contratos de cuentas en participación firmados por el testigo y el acusado, y aportarlos al proceso como prueba documental de la defensa —pidió Schneider al juez Schelner.

—Adelante, abogado; proceda.

—Señor Moritz, ¿reconoce usted estos documentos?

—Sí, son los contratos de préstamo que Kurt y yo firmamos a principios de 1947 y que totalizan los dos millones de marcos a que me he referido.

—Muchas gracias. Señoría, no tengo más preguntas.

Cuando a Hofmann le pasaron los contratos para que los examinase, sintió como si le estuvieran apuñalando. "El proceso se nos va a complicar mucho   —pensó—, pero ya no hay vuelta atrás".

—Señor Moritz —intervino la acusación en su turno de preguntas—, ¿cómo es que tenía usted tanto dinero en esa época?

—Acababa de heredar una buena suma de mi padre, y también disponía de algo de dinero que había ahorrado antes de la guerra. Además, ¿por qué no decirlo? Tenía mucha suerte en el juego.

—O sea, que la mayor parte de esa financiación era, por llamarla de alguna manera, ¡atípica!

—¿Considera usted atípico apostar a las carreras de caballos o jugar a la lotería?

—Las preguntas las hago yo, *Herr* Moritz. ¿No es más cierto que el acusado le entregó previamente los dos millones de marcos, para que usted los ingresara en una cuenta bancaria de la sociedad, y pareciera así que todo era legal, simulando unos contratos de financiación?

—¿Cómo se atreve?, ¿qué está usted insinuando? —

preguntó Werner con cara de indignación—. ¡Eso es absolutamente falso!

—Protesto, señoría —saltó a su vez Schneider hecho una furia—, la defensa está acusando al señor Moritz de haber cometido un delito. ¡Esto es intolerable!

—Protesta aceptada. Señor Hofmann, ¡repórtese! —le recriminó el juez Schelner—. Aquí se está sustanciando un juicio contra el señor Kurt Peckmann, no uno paralelo contra el señor Werner Moritz, ¿queda claro?

—Sí, Señoría —repuso Hofmann poniendo cara de humildad pero sintiéndose al mismo tiempo muy contento, pues el jurado, a pesar de todo, tomaba buena nota de lo que el abogado de la acusación había dicho, sembrando la duda sobre el origen de los fondos obtenidos por el acusado.

Llegado el turno del fiscal, Julius Schmitt rompió su pasividad haciendo dos simples y certeras preguntas, cuyas respuestas contribuían a incrementar los recelos sobre la repentina fortuna del testigo:

—¿A qué se dedicaba usted antes de la Guerra?

— Trabajaba en la construcción como delineante y

encargado de obra.

—O sea que usted no se dedicaba a los negocios.

—No, en esa época, no. Trabajaba por cuenta ajena.

—No hay más preguntas, Señoría.

"¡Vaya, parece que Julius se va animando! —pensó Albert Hofmann a quien las preguntas del ministerio fiscal habían sorprendido agradablemente—. Espero que no sea sólo el sueño de una noche de verano".

A pesar de las apariencias, el abogado acusador no dio demasiada importancia a este testimonio. Las declaraciones del testigo no iban acompañadas de ninguna prueba en cuanto a su riqueza repentina. ¿Dónde estaba el testamento de su padre?, y el dinero ahorrado, ¿lo tenía escondido debajo de un ladrillo? En cuanto a las ganancias del juego, era un recurso muy socorrido para aquellos que no podían justificar un enriquecimiento repentino. "Al final —caviló—, Roland Gross pondrá las cosas en su sitio y las declaraciones del tal Moritz se convertirán en papel mojado, con una posible condena por perjurio; de la que me encargaré yo... muy gustosamente".

**

A pesar de su empeño y sus influencias, Schneider no había conseguido que los antiguos mandos superiores de las Waffen SS quisieran testificar sobre el que fuera su subordinado en el Frente del Este, el *Hauptsturmführer* Peckmann. Los ex miembros de las SS no deseaban ninguna publicidad, ni a favor ni en contra. Los tiempos habían cambiado y cuanto menos se hablase de ellos, mejor. Más desapercibidos pasarían. Sin embargo, entre los soldados de la compañía que mandaba el acusado durante la guerra, había tenido más suerte. En particular, había logrado que testificasen dos de los militares que estuvieron a sus órdenes: el *Obersturmführer* —teniente en las Waffen SS— Dieter Weiss, segundo oficial de la compañía, y el *Oberscharführer* —sargento en las Waffen SS—, Adolf Fleischmann.

Ocho años después de finalizada la guerra, Dieter aún estaba muy orgulloso de haber servido en la división *Leibstandarte SS Adolf Hitler*. No se arrepentía de nada, aunque su unidad hubiese tenido que servir de apoyo a las unidades especiales de las SS, los *Einsatzgruppen*, en su *limpieza* de la población civil ucraniana ensañándose con la

98

población de origen judío y gitano. Miembro del partido nazi desde su incorporación a las SS, Dieter Weiss era el fiel prototipo del militar fanático, siempre dispuesto a obedecer a sus superiores sin titubear, sin poner en cuestión las órdenes por muy brutales que éstas fueran.

Después del conflicto, con la desmovilización no le había ido nada mal. Ningún problema, ni para encontrar trabajo, ni para prosperar socialmente. El silencio sobre la guerra era la regla y él la seguía, salvo con sus próximos. Al enterarse del juicio contra su antiguo capitán, Dieter no lo podía concebir, pues había servido a sus órdenes y no tenía ninguna queja, sino todo lo contrario. Cuando el abogado Schneider le pidió que testificase a favor del acusado, no se lo pensó dos veces. Con su metro noventa de estatura, el antaño *Obersturmführer* de las Waffen SS impresionó al público presente en el juicio. Mientras entraba en la sala y se encaminaba al estrado, dirigió a aquél una mirada orgullosa y desafiante. Parecía que para Dieter, la guerra y el régimen de terror instaurado por Hitler no habían pasado. Al ser un testigo de la defensa, tras el interrogatorio del juez Schelner, Schneider rompió el fuego.

—Señor Weiss, usted ha relatado antes al juez cómo, el 16 de octubre de 1943, el capitán Peckmann se encargó de llevar al cuartel general de las Waffen SS a un oficial ruso que su unidad había capturado, aunque finalmente no pudo cumplir su misión, pues el prisionero se le escapó durante el trayecto.

—Sí, así es, he declarado todo lo que nos dijo el *Hauptsturmführer*, lo que le había pasado con el teniente coronel ruso.

—Queremos que nos concrete las circunstancias de ese traslado y lo que pudo usted observar por sí mismo, cuando su capitán volvió a la granja después del intento fallido de entregar al prisionero.

—El 16 de octubre, poco antes del mediodía, el capitán Peckmann salió con el oficial soviético de nuestra posición. ¡Lo recuerdo perfectamente!, pues el cocinero estaba preparando la pitanza, un guiso de carne de cerdo con patatas y cebolla. Le aseguro que en aquellas circunstancias, la comida, llenarse de calorías, era muy importante. Pasadas las siete de la tarde, regresó a la granja. Fue entonces cuando nos relató lo que había sucedido: la huida del prisionero con el pretexto de tener que hacer sus necesidades, la posterior persecución, y el tiroteo que obligó a nuestro capitán a retirarse.

—¿Le creyeron ustedes?

—Permítame que le diga que su pregunta me ofende. Para nosotros, estaba fuera de toda duda que el capitán Peckmann decía la verdad. Tanto su aspecto lastimoso como la moto, agujereada por las balas enemigas, lo confirmaban plenamente.

—¿Cuál era el trato que les daba el capitán?

—Mientras obedecieses sus órdenes, no había ningún problema y le puedo asegurar que, allí, todos obedecíamos.

—Gracias, señor Weiss...

—Espere, abogado —le cortó el testigo—, quiero manifestar que estamos en contra de que, aprovechando este juicio, se quiera hacer un proceso paralelo a las SS. Nosotros sólo cumplíamos órdenes y...

—¡Protesto, Señoría! —le interrumpió, a su vez, Hofmann—, no se debe permitir que un testigo haga declaraciones de este tipo. —Luego, antes de que el juez pudiera reaccionar, se dirigió al testigo—: Señor Weiss, le recuerdo que la organización de las SS fue declarada criminal en los procesos de Núremberg y, en consecuencia, prohibida por nuestro Código Penal.

—¡Deje que se explaye, hombre! —le contravino Schelner con rapidez de reflejos—, ¡no hace daño a nadie!

—Gracias, Señoría —zanjó Schneider— . Simplemente quería que se conociera el sentir de los que formaban parte de la compañía del capitán Peckmann.

Albert Hofmann se quedó anonadado por las dos varas de medir que, de nuevo, estaba utilizando el juez Schelner y también por la ausencia de respuesta del fiscal Julius Schmitt. Una vez más, le había defraudado, pues en este caso su neutralidad aparente iba demasiado lejos. "¿A qué estaba esperando para intervenir y que constase en acta su protesta? Pero..., nada de nada. La reacción, o mejor dicho el silencio del acusador público, le desconcertaron, pues habían sido los esbirros del nazismo quienes años antes habían apartado a Schmitt de sus cargos en el *Landsgericht* de Dúseldorf, condenándole al ostracismo. Ahora, cargado de razón, Julius tenía la posibilidad de arremeter contra un miembro de ese régimen, y no lo había hecho. No me extraña que los nazis lo tuvieran tan fácil en Alemania, si tantos reaccionamos así", concluyó Hofmann sus reflexiones. Cuando el turno de repreguntar le llegó, Albert se centró en los puntos débiles de la declaración del teniente Dieter.

—Señor Weiss, usted ha dicho que el acusado volvió después de las siete de la tarde a la granja que ustedes ocupaban,.

—Así es, no me acuerdo de la hora exacta, pero eran pasadas las siete. De hecho, ya había anochecido.

—¿Quiere esto decir que el capitán Peckmann estuvo casi ocho horas sin aparecer por la posición?

—Sí, más o menos.

—¿Y no le parece un tiempo claramente excesivo y que

no se justifica con lo que usted nos ha relatado?

—¿Qué quiere decir?

—Que como mucho, lo que usted nos ha contado se pudo producir en un máximo de cuatro horas o cuatro horas y media, siendo generosos. En ese relato que les hizo el acusado, faltan más de tres horas.

—No quería hablar de este tema pero no me dejan otra opción: unos minutos antes de partir con el soldado Hans hacia la posición de la 150, el capitán Peckmann me confesó unos detalles y me pidió que guardase secreto.

—¿A qué se refiere?

—Durante su vuelta a nuestra posición, se detuvo en varias ocasiones para dar sepultura a varios cadáveres anónimos de soldados alemanes, que yacían a uno y otro lado de la carretera. Me dijo que no podía evitar un sentimiento de piedad hacia esos pobres hombres que habían dado su vida por la patria.

—Permítame decirle, señor Weiss, que su relato es muy enternecedor, ¡me ha llegado al alma!, ¡nos ha llegado a todos al alma! ¡Kurt Peckmann era un santo! Por mi parte, no tengo más preguntas —concluyó Hofmann sin poder reprimir sus exclamaciones irónicas, a pesar de las protestas de Schneider y de la mirada de fuego que le lanzó Dieter Weiss, al abandonar el estrado e ir a sentarse entre un público que, en parte, había estallado en sonoras carcajadas.

El juez Schelner no tuvo más remedio que intervenir para calmar de nuevo los ánimos, recriminando a Hofmann su actitud y mostrando una vez más sus claras simpatías hacia el acusado.

—Señor Hofmann, esta presidencia no puede permitir que usted se burle de las creencias, de los sentimientos piadosos..., ¡religiosos!, del acusado. ¡Haga el favor de comportarse o si no me veré obligado a sancionarle!

—Señoría, pido disculpas al testigo. Mi intención no era reírme del acusado, sino poner de manifiesto sus contradicciones y expresar mis serias dudas sobre lo que acaba de declarar.

"Realmente –pensó Albert–, tengo que reconocer que la defensa, con su coartada, está siendo magistral. Ha apelado a los prejuicios religiosos del jurado. Si esta idea cala mucho, pronto le van a levantar un altar a Peckmann; para que todos puedan orar".

Como era de esperar, el ministerio público se abstuvo de interrogar al testigo, frustrando de nuevo las esperanzasdel abogado en el apoyo del fiscal, e incrementando la desconfianza que se estaba generando entre los dos miembros de la acusación.

**

Adolf Fleischmann, el antaño *Oberscharführer* sargento de las Waffen SS, cuarto testigo presentado por la acusación y noveno del día, estaba muy orgulloso de su nombre. "¡Me llamo como el *Führer*!", se repetía a sí mismo pletórico de satisfacción. Como muchos de sus camaradas de las SS, durante el Nazismo se había dejado crecer un bigotito a lo Hitler. Tal era el grado de arrobamiento y la ciega admiración que sentían por el lobo de la manada; aquél a quien debían obediencia en todo momento y hasta las últimas consecuencias.

La recompensa, además de la sincera satisfacción del deber cumplido, era un estatus privilegiado que les permitía cometer todo tipo de tropelías, sin tener que rendir cuentas a los tribunales ordinarios, ni por supuesto a los del *Heer*, el ejército de tierra de carácter regular. Los SS se mantenían al margen de la legislación común vigente en Alemania para la generalidad de los ciudadanos. En la práctica, sus Tribunales especiales permitían, en numerosas ocasiones, que los abusos de los miembros de esta organización —incluso contra otros alemanes arios— quedaran impunes. En definitiva los SS eran, con pocas excepciones, unos esbirros fanáticos al margen de la ley cuyo arquetipo, entre otros, era Reinhard Heidrich, el también apodado *Carnicero de Praga*.

El juramento que todos los SS hacían como requisito para entrar en la organización, no dejaba lugar a dudas sobre su fanatismo: **"Yo te juro, Adolfo Hitler, *Führer* y Canciller del Reich, fidelidad y valor. Prometo obediencia hasta la muerte a ti y a los superiores por ti designados. Que Dios me ayude".**

En la Wehrmacht, las Waffen SS constituían la punta de lanza ideológica del nacionalsocialismo y Fleischmann era un convencido de ello. El motivo de su comparecencia ante el tribunal del *Land* era confirmar la coartada de Peckmann y ahondar más en las diferencias que existían entre el ejército de tierra y el cuerpo armado de las SS. Esta era una de las tácticas utilizadas por Schneider para poner en duda los testimonios de la acusación.—*Herr* Fleischmann, ¿en qué estado se encontraba la moto BMW cuando, el 16 de octubre de 1943, el capitán Peckmann volvió a la granja?

—Lamentable, en la carrocería se podían apreciar los impactos de las balas enemigas con toda nitidez.

—¿A qué lo atribuyó su superior?

—Nos relató cómo el oficial ruso que transportaba se había dado a la fuga sin que él pudiera evitarlo, entablándose un tiroteo con el enemigo que había acudido en auxilio del teniente coronel soviético.

—¿Qué les dijo el capitán cuando después de volver del alto mando, partió de nuevo con el soldado Hans hacia la posición de la Compañía 150?

—Delegó el mando en el teniente Weiss, nos platicó sobre una importantísima misión que tenía que llevar a cabo, y se fue con el soldado, que ocupó el puesto del copiloto.

—¿Notó usted algo raro en su comportamiento?

—No, el capitán Kurt Peckmann era muy parco, pero muy preciso en sus palabras. Se comportó como lo hacía todos los días, sin más.

—¿Habían tenido ustedes algún roce con el ejército regular?

—Sí, nuestras desavenencias eran frecuentes; incluso en las operaciones militares.

— ¿Y con el soldado Hans?

— Con él, particularmente.

—¿A qué se refiere?

—Durante el tiempo que se ausentó el capitán Peckmann para conducir al prisionero ruso hacia nuestro cuartel de mando, se produjeron varios roces, varias discusiones, provocadas por las impertinencias de ese soldado que no hacía más que criticarnos.

—Esas discusiones, ¿tenían matices ideológicos?

—No eran matices, caían de lleno en los temas ideológicos. El soldado Hans estaba lleno de prejuicios contra nosotros, las Waffen SS.

—Gracias, no tengo más preguntas. —Schneider continuaba atando todo bastante bien. En su turno de preguntas, Albert no tuvo más remedio que entrar de lleno en un ámbito donde no se sentía cómodo, pero la táctica de la defensa no le dejaba otra salida. Había que desactivar la carga ideológica que se pretendía introducir en el proceso.

—¿De qué discutieron en ese encuentro con el soldado Hans que usted ha calificado de desagradable?

—¡Protesto, Señoría! —intervino Schneider—. El testigo ya ha contestado a esta pregunta: se trataba de desavenencias ideológicas.

—Protesta aceptada —resolvió Schelner.

—De acuerdo, señoría, retiro la pregunta.

—Continúe entonces con su interrogatorio.

—¿Dieron ustedes parte de las discusiones, de la actitud de Hans, al Alto Mando?

—No, no lo consideramos necesario.

—Sin entrar en contenidos ideológicos, ¿insultó Hans a Hitler o a algún alto jerarca del partido o les acusó de criminales?

—No, no lo hubiéramos permitido.

—¿Se comportó como un traidor a la patria?

—No.

—Gracias, señor Fleischmann, no tengo más preguntas.

—concluyó Albert Hofmann sonriendo ante la mirada envenenada de Schelner, ya que de forma indirecta acababa de saltarse la prohibición de preguntar al testigo sobre el contenido de las pretendidas discusiones ideológicas.

El fiscal Julius Schmitt, para cubrir el expediente, preguntó al ex sargento por el tiempo que, en octubre de 1943, llevaba a las órdenes del acusado. Éste respondió que sólo tres meses...

**

Los testigos llamados a declarar posteriormente, todos de la defensa, fueron de menor importancia y aburrieron mucho. Tras la intensidad de las comparecencias anteriores, la entrada en escena de actores secundarios sabía a poco. Además, coincidía con el cansancio de los letrados que habían interrogado ya a nueve testigos y llevaban prácticamente todo el día concentrados en el caso.

Robert Müller, empleado de la empresa de Peckmann, la PWG, no aportó nada nuevo. Se limitó a decir que el acusado era un jefe extraordinario y que su comportamiento era ejemplar. Nada nuevo bajo el sol, procediendo de quien estaba defendiendo su puesto de trabajo y el pan de su familia. Lo mismo ocurría con los que subieron al estrado a continuación, los jefes administrativo y contable, quienes destacaron las excelentes prácticas empresariales llevadas a cabo por el acusado, insistiendo en que ellos nunca habían detectado ningún enriquecimiento injusto.

Entendiendo que estos tres testigos no eran relevantes y que de ellos no iba a sacar nada en limpio, Hofmann se limitó a poner de relieve el vínculo laboral y de lealtad que les unía con el imputado, tratando de debilitar su credibilidad al destacar la falta de libertad en sus respuestas.

Concluida la práctica de la prueba testifical prevista para el segundo día del juicio, el juez Schelner abandonó momentáneamente la sesión siendo sustituido por su segundo de a bordo y vicepresidente del tribunal, el juez Heinzmann. Éste dio cuenta del resultado de los requerimien-

107

tos y de los oficios que a petición de las partes habían sido cursados a distintos organismos, completando la prueba documental presentada a lo largo del día.

El Ministerio de Hacienda había remitido información económica y jurídica sobre la sociedad que regentaba Peckmann. Los documentos administrativos y notariales fueron puestos a disposición de los letrados y del ministerio público para su examen y valoración.

Las autoridades de ocupación habían enviado también copias de los partes diarios de operaciones del centro de mando de la división nº 4 del ejército, y de la división *Leibstandarte Adolf Hitler* de las Waffen SS. En realidad, estos documentos no aportaban nada nuevo pero servían para confirmar la veracidad de algunas declaraciones de los testigos. En los partes del ejército de tierra se hablaba de la existencia del cargamento de oro transportado inicialmente por las SS; de su depósito en la posición de la Compañía 150 el 12 de octubre de 1943; de la organización de una operación de rescate que debía tener lugar el 17 de octubre alas nueve de la noche, mencionándose los nombres de los capitanes Kurt Peckmann y Wilhelm Meinhof; de la queja presentada por el coronel Ludwig von Heusenberg al cuartel general, etc.

El más jugoso era el parte correspondiente al día del ataque, y decía así:

"Al mando del *Major* —comandante del *Heer*— Harald Steiner y del *Sturmbahnführer* —comandante de las Waffen SS— Uwe Schwarzkopf, a las diez de la noche del día 17 de octubre de 1943, la fuerza alcanza la posición de la compañía nº 150 de la división nº 4 del Grupo de ejércitos B. Tenemos que dar cuenta de la probable aniquilación de la referida unidad, en cuya posición sólo hemos encontrado un gran número de tumbas; unas trincheras vacías con las defensas desmanteladas; restos de armas y mucha munición, inutilizadas y diseminadas en un radio de quinientos metros; y cinco emplazamientos de mortero y seis de ametralladoras, también destruidos. Se observa asimismo una gran zanja de aproximadamente seis metros de profundidad, donde suponemos estaban escondidas las cajas repletas de lingotes de oro que veníamos a recuperar y de las que no hay rastro. Las rodadas de múltiples vehículos del enemigo, blindados y camiones, han quedado marcadas claramente en varias líneas concéntricas con la posición. Recorridos los alrededores, sin encontrar ningún enemigo que pudiera dar información adicional sobre lo ocurrido, nos vemos obligados a retirar la fuerza y dar cuenta a nuestros mandos respectivos".

Luego aparecían las firmas de los dos oficiales y de nuevo el lugar y la fecha del informe, el 17 de octubre de 1943.

En los archivos procedentes de las Waffen SS, además de confirmarse todo lo anterior, se recogía claramente que el cargamento de oro depositado en la posición ocupada por la Compañía 150 del *Heer*, era fruto de las acciones de los *Einsatzgruppen* de las SS, que aunque explícitamente no se reconocía, estaban encargados de la limpieza étnica de Ucrania, en particular de la eliminación pura y simple de la población judía. La incautación sistemática de todas sus propiedades y bienes se realizaba a través de lo que eufemísticamente se denominaba: *Arisierung* —proceso de arianización— que ya se había puesto en marcha en Alemania a través de la Ley de 13 de diciembre de 1938, con la expropiación de todas las empresas de propiedad judía.

El último documento lo constituía la respuesta de las autoridades soviéticas, en su estatus de potencia de ocupación, a un requerimiento del tribunal del *Land,* pues la República Federal de Alemania todavía no había establecido relaciones diplomáticas con la Unión Soviética. En su petición, el tribunal solicitaba información concreta sobre la identidad de los oficiales rusos heridos, las circunstancias en que lo fueron, y las acciones bélicas que habían tenido lugar en el sector del frente de Ucrania donde se encontraba la división nº 4 del Grupo de Ejércitos Sur de las fuerzas alemanas, durante los días 15, 16 y 17 de octubre de 1943.

La representación de la Unión de Repúblicas Socialistas Soviéticas, a través de su oficina para asuntos administrativos, acusó recibo del oficio del tribunal; percibió por anticipado las tasas correspondientes, en marcos alemanes contantes y sonantes; asentó la recepción del escrito en el libro pertinente; estampó un bellísimo sello móvil en la copia del requerimiento y, finalmente, inscribió sobre ella el número de registro de entrada junto con la firma ilegible y la rúbrica enrevesada del funcionario de turno que daba fe. En el impreso de respuesta, el temeroso funcionario que no quería meterse en problemas, hizo constar que firmaba por delegación del secretario de la oficina, advirtiendo antes de entrar en el asunto que... y de conformidad con la Ley... aprobada por el Soviet Supremo... promulgada por el Presidium del Soviet Supremo, como representante del pueblo soviético, y publicada en... oídos los máximos órganos de..... que bla, bla, bla y bla,bla,bla...

Pero... eso fue todo, pues después de rellenar gran parte del impreso, concluyó que por dificultades técnicas, de la información solicitada, ¡nada de nada! De esta manera quedaba eliminada una de las posibles pruebas de la acusación, para anular o por lo menos sembrar dudas sobre la coartada de Peckman, consistente en la fuga del teniente coronel herido y su escaramuza con los soldados soviéticos, que se supone habían rescatado al prisionero cuando era conducido al cuartel general de las SS para ser interrogado.

Ya muy avanzada la tarde, casi de noche, el Juez Schelner se reincorporó al tribunal. Entonces sorprendió a todos con un golpe de efecto que nadie esperaba; suspendió la sesión y se reunió a puerta cerrada con el jurado. El magistrado había acabado harto de los interrogatorios. En una de sus iniciativas arbitrarias y caprichosas, que vistió de rimbombantes e ininteligibles palabras técnicas para los miembros no profesionales del jurado, decidió alterar el contenido de la siguiente sesión. Ésta debía celebrarse el martes 21 de abril y estaba destinada a recoger las declaraciones de los últimos testigos. En su lugar, convocó al perito designado por sorteo, Anton von Talmann, para que expusiera sus conclusiones sobre los libros de contabilidad de la constructora del acusado, la *PWG Aktienbaugesellschaft*, y se sometiera a las preguntas de las partes y del ministerio fiscal. De nada valieron las quejas y las protestas de las acusaciones y de la defensa. Schelner impuso su voluntad. Al reanudarse la sesión, informó al auditorio de su decisión de retrasar el interrogatorio de los últimos testigos hasta el jueves 23 de abril.

***

Amargas sensaciones

Tercer día del juicio

En el fondo, aunque no lo expresaran públicamente, todos agradecieron la arbitrariedad demostrada por el juez Schelner al detener el ritmo del juicio adelantando la prueba pericial. La sesión anterior había sido demasiado intensa y se necesitaba tiempo para asimilar las respuestas de los testigos y establecer nuevas estrategias. Por otro lado, los aspectos profesionales de la vida de Peckmann, en especial el éxito de su empresa, constituían un indicio que debidamente abordado haría muy coherente la versión de los hechos mantenida por la acusación. Las cuentas de la sociedad y los otros documentos oficiales, puestos a disposición del juzgado por el Ministerio de Economía y la Oficina de Impuestos, habían sido entregados para su examen al perito Anton von Talmann.

A Anton le gustaban las situaciones complicadas, los retos, que era donde se veía realmente si una persona era de hierro, de madera o de plástico. La diplomacia no era precisamente una de sus virtudes. Por ello, a veces, había tenido serios problemas. Su espíritu decidido se puso a prueba durante la guerra. Como piloto de caza, llegó a mandar una escuadrilla de Messerschmitt 109, con la que se distinguió volando primero sobre Francia y luego sobre el norte de África. En este frente, su enérgica actuación en la operación Theseus, que culminó con la toma de Tobruk en junio de 1942, fue muy valorada por los mandos de la *Luftwaffe* —la Fuerza Aérea— siendo condecorado por el mismísimo *Zorro del Desierto*, el mariscal de campo Erwin Rommel, con la cruz de hierro de primera clase, la EK 1.

En junio de 1943, el ya comandante Von Talmann fue transferido al Frente del Este, y en noviembre de 1944 pilotaba uno de los primeros aviones de caza ME- 262 con motor de reacción. Sin apenas períodos de recuperación, la abrumadora superioridad del enemigo en pilotos y en aparatos exigía constantes misiones —una media de cuatro al día—. Estas circunstancias pasaron factura a Von Talmann cuando a principios de 1945 y a pesar de su pericia, fue abatido en el cielo de Polonia unos días antes de iniciarse la ofensiva del Oder-Vístula, antesala de la batalla de Berlín. Los últimos meses de la guerra, los pasó en el hospital, conservando de recuerdo una cojera en su pierna derecha y... una novia que hizo menos dolorosa su convalecencia.

De mediana estatura, abundante cabellera, cuerpo fibroso y rasgos algo orientales, Von Talmann guardaba una actitud siempre positiva ante la adversidad. Había aprovechado su convalecencia para dotarse de un hermoso bastón con puño de marfil e incrustaciones doradas que, aunque ya no lo necesitara para caminar, le daba un aire de prestancia aristocrática que a él, sin ser vanidoso, le gustaba. Una cazadora de cuero negro con la insignia de su escuadrilla, la que llevaba cuando le abatieron y que le gustaba enfundarse para estas ocasiones, remataba un conjunto muy singular que enseguida concitó el interés y la curiosidad del público presente en la sala. Con paso firme y ánimo elevado, se dirigió hacia el estrado, al lugar que se le había reservado. Esa mañana, el juez Schelner, menos nervioso que de costumbre, le dedicó una mirada un tanto envidiosa, pues notó que sin haber pronunciado una sola palabra, el misterioso magnetismo que emanaba de Von Talmann se había apoderado del público. Le había salido un competidor.

A lo largo de más de dos horas, el perito inundó de datos a los presentes, y en una pizarra puesta a su disposición dibujó los gráficos de crecimiento de la empresa constructora del acusado, para que se apreciase con más claridad la evolución de su tamaño y de sus beneficios, durante los más de seis años que llevaba funcionando:

—En resumidas cuentas —finalizó su exposición—, no cabe albergar ninguna duda sobre la expansión continua que ha tenido la *PWG-Aktienbaugesellschaft* desde su creación en 1947. Por otra parte, tengo que concluir que los libros de contabilidad, el diario, los mayores, y los balances que me han sido facilitados, reflejan bien esta tendencia sin que haya podido apreciar errores significativos. Formalmente, no tengo nada que decir en contra del sistema de anotaciones que se ha seguido. Los extractos bancarios y los movimientos de liquidez están bien reflejados, así como el valor de los activos inmobiliarios, que en este caso constituyen su activo circulante. Si desean ahora hacerme preguntas; estoy a su disposición".

Así terminó la primera etapa de su intervención. Luego, como si estuviera a los mandos de su caza a reacción M-262, se preparó para picar contra el que se atreviese a llevarle la contraria. Von Talmann era de aquellas personas que, si estaba razonadamente convencida de algo, no daba su brazo a torcer. Pertenecía además al género de las que, con pocas y precisas palabras, te dicen lo que piensan; guste o no. Eso no significaba que fuese desagradable o antipático. Los rasgos más ariscos de su carácter se compensaban con un fino y espontáneo sentido del humor, que aflorando cuando menos te lo esperabas, te reconciliaba con él en unos instantes.

El primer turno de preguntas correspondió al letrado de la defensa. Schneider trató de sacar el máximo partido del informe:

—Así que según usted, las cuentas están claras.

—¿A qué se refiere? —le respondió Von Talmann, enarcando visiblemente las cejas y dejando a Schneider un tanto desconcertado.

—¡Hombre!, a que las cuentas reflejan la realidad de la empresa.

—¡Eso sí!, dan una imagen fiel de su situación actual.

—O sea que se ha respetado en todo momento la legalidad.

—¡Hombre no! —exclamó Von Talmann.

—¿Cómo que no?

—¡No! —insistió con rotundidad meneando la cabeza de un lado a otro, como era su costumbre cuando quería dar por zanjado un hecho, y permaneciendo luego en silencio, con el desconcierto del interrogador.

—*Herr* Von Talmann, ¿se puede explicar, por favor? —demandó Schneider que empezaba a sudar copiosamente.

—Sí claro, con mucho gusto —le respondió esta vez, señalándole con su bastón y desconcertando de nuevo al abogado de la defensa, que estaba atravesando uno de sus peores momentos—. Usted pretende que yo afirme aquí que se ha respetado en todo momento la legalidad vigente y eso es imposible que pueda mantenerlo. Lo único que he dicho, y reitero ahora para que quede claro, es que, formalmente, se ha respetado la legalidad.

—¿Reflejan entonces los libros, fielmente, las entradas y salidas de capital en la empresa?

—Sí, perfectamente, pero si me permite un símil, es como si entra en un hotel de cinco estrellas un señor muy aseado, bien vestido, educado y además muy generoso con los sirvientes del establecimiento que, por si fuera poco, le adoran. En recepción, los empleados darán fe con entusiasmo de que ha entrado correctamente y por la puerta grande, sin romper ningún jarrón, sin ser estridente, sin molestar a otros clientes del hotel. Pero ¿puede alguien dar fe de que el día anterior por la noche, ese mismo señor no frecuentaba los peores tugurios, o se reunía con lo más degenerado de la ciudad para perpetrar un delito?

"Con ello quiero decirles, y concluyo, que los registros contables recogen los hechos económicos y sus causas desde una óptica parcial; la que deriva de los documentos que sustentan cada operación y que son presentados al contable. Éste no investiga si esos documentos dicen la verdad: únicamente se cerciora de que el soporte documental cumple con los requisitos legales precisos, para proceder acto seguido a su asiento en los libros.

Cuando el perito finalizó su explicación, a Schneider, un tanto confundido, ya no le quedaron fuerzas y prefirió batirse en retirada: "Mejor será que no profundice mucho. Este tío es peligroso, y si insisto, puede revolverse y picarme como un escorpión".

Luego le llegó el turno al abogado Hofmann:

—*Herr* Von Talmann, si he entendido bien, el origen de la financiación del acusado no ha quedado claro.

—¿Cómo que no ha quedado claro?, ha quedado clarísimo... desde el punto de vista de los libros. Hay unas aportaciones en 1947 que están bien reflejadas... punto.

—Pero esos préstamos...

—Esos préstamos, mejor dicho, esas aportaciones, y perdone que le interrumpa, figuran en los asientos contables. Más allá no puedo ni debo informar; sería una temeridad. Yo, ni soy detective, ni soy policía, sólo puedo hablar por los libros y por el procedimiento que se ha llevado a cabo; desde este punto de vista no he hecho ninguna objeción.

—O sea que los préstamos pueden ser falsos.

—¡Claro!, como poder ser, ¡todo puede ser falso! Usted mismo puede ser falso, puede estar suplantando a otra persona, puede haber falsificado su licencia de abogado; pero usted ha cumplido con todos los procedimientos legales al comparecer como letrado en esta sala, ¿o no es así, señor abogado?

—Gracias, sólo quería que quedara clara esta posibilidad.

El fiscal Julius Schmitt, que conocía al perito y sabía que éste no le tragaba, prefirió abstenerse de intervenir para evitar un disgusto que pudiera afectar a su ego. Como nadie iba ya a hacerle preguntas, Von Talmann abandonó el estrado y pidió permiso para entregar a cada letrado y al ministerio público un resumen de su informe. Cuando se acercó a Albert Hoffman, no pudo evitar confesarle en voz baja: "Lo siento, recuerde que el papel lo soporta todo..."

Antes de salir de la sala, se volvió hacia el juez Schelner, que se le quedó mirando con los ojos abiertos e inexpresivos, en una actitud más propia de un psicópata o de un iluminado que de un servidor de la justicia. Von Talmann le mantuvo la mirada durante unos segundos y, ante la sorpresa del jurado y de los letrados, blandió su bastón apuntando hacia él, al tiempo que en voz muy alta le decía: "Recuerde, señor presidente, lo más importante es el ¡prrrocedimiento!, ¡prrrocedimiento!, ¡prrrocedimiento!".

Los abogados y el fiscal estaban que se partían de risa y el propio Von Talmann les miró sonriéndose, sin que se diera cuenta el juez. Finalmente, cuando muy satisfecho de su actuación cruzaba la puerta de la sala, no pudo evitar que le viniese a la mente un pensamiento escéptico: "La vida es un teatro y la contabilidad, a veces, también lo es".

**

Al hacer balance de las tres primeras sesiones del juicio, Albert Hofmann estaba sólo medio satisfecho. El brillante e imaginativo planteamiento de la defensa le preocupaba. La coartada del acusado para justificar su tardanza en volver a la granja, el 16 de octubre de 1943, quedaba confirmada por los impactos de bala en la moto y por la invocación a sus piadosas acciones con los muertos, gracias al testimonio del *Obersturmführer* (teniente) Weiss. Luego, los intentos de reconvertir el juicio en una pugna ideológica contra las SS, podían haber influido en el jurado. A ello no ayudaba el testimonio del inefable general Eberhardt o del *Oberscharführer* (sargento mayor) Adolf Fleischmann. La actitud vergonzosa del acusado antes del primer ataque, también se había pretendido cubrir con el halo de un *enternecedor* humanismo religioso. La veracidad del relato de Hans Witzke había sido puesta en tela de juicio con el testimonio de Bukovsky, al lanzar al aire una acusación de tendencias homosexuales que sembraban dudas sobre la imparcialidad de éste. Finalmente, las declaraciones de Werner Moritz y la exposición del perito Von Talmann, sobre todo las de aquél, no permitían obtener una conclusión tajante sobre el origen criminal del oro.

"¿Qué armas tenía la acusación frente a la táctica y las pruebas de la defensa? Primero, la solidez de los testimonios del ex teniente coronel Helmut Waldmann y de Thomas Schulze, nada sospechoso éste de animosidad contra las Waffen SS; luego el de Galina Bogdanova, sobre la lengua materna de su hijo Hans, que conocía el ruso a la perfección. En el haber de la acusación figuraba también la declaración del resentido y rencoroso Maximilian Engel, el que fue teniente de la compañía 150 cuyo testimonio —pensaba Hofmann— había quedado en entredicho, pues el antiguo *Oberleutnant* no había sido capaz de justificar creíblemente su cambio repentino de criterio, cuando se ofreció a prestar ayuda a la compañía 150. ¡Qué escasa cosecha! —concluyó Hofmann, ensimismado en sus cavilaciones—. Como mucho, siendo optimistas, estamos en tablas".

Con todo, el plato principal venía ahora, no sólo por el testimonio de dos personajes clave en el entramado, como eran el ex sargento Klaus Zimmermann y el ex capitán Wilhelm Meinhof, sino sobre todo, porque en la siguiente sesión del juicio iba también a declarar el testigo principal de cargo, el testigo estelar, el *deseado* Roland Gross. Si todo salía al final conforme estaba previsto, su declaración podría dar al traste con toda la estrategia del abogado Schneider y encaminar a Kurt Peckmann hacia su lugar natural de residencia: la cárcel perpetua.

El viernes anterior, Hofmann, que no quería descuidar a su principal testigo, se había entrevistado con éste en su despacho y le había encontrado muy simpático y dicharachero. Daba la sensación de una nueva persona, tanto por su actitud como por un *look* muy esmerado que le hacía parecer un dandi. Habían platicado brevemente sobre su próxima comparecencia y, a pesar de algunas reticencias, estaba muy satisfecho por el empeño de Roland en testificar.

—Señor Gross, no sabe cuánto agradezco lo que está haciendo por la *Nemesisverein*. Gracias a personas como usted, se está evitando que muchos crímenes queden impunes.

—Sí, pero la vida da muchas sorpresas y, a veces, cuando uno cree que las tiene todas consigo, surgen imprevistos.

— ¿A qué se refiere? —le preguntó Hofmann un tanto extrañado.

—A nada en particular, simplemente estaba pensando en voz alta. El jueves que viene, le aseguro que el juicio va a dar un vuelco espectacular —le respondió mirándole de través.

—Esperémoslo —concluyó Albert, notando algo raro en la expresión de Gross, aunque no le dio mayor importancia.

Al salir del despacho, el abogado pudo ver desde la ventana cómo Roland montaba en un descapotable último modelo, un Mercedes 220 Cabrio que le llamó mucho la atención: "¡Vaya con este tío!, ¡ni que le hubiese tocado la lotería! Yo no podría permitirme semejantes dispendios".

**

Siguiendo la práctica de los tribunales y en su condición de testigo, Willy Meinhof, al no estarle permitido acceder a la sala del juicio, no había presenciado el interrogatorio de Albert Bukovsky. Lo que le habían contado desde distintas fuentes sobre el testimonio de su camarada, no le había gustado nada. Uno de sus mejores soldados había sido escarnecido en público, por un asunto que para el ex capitán Meinhof era secundario, y al que él no daba mayor importancia.

"¡Qué asco! —exclamó Willy para sus adentros—, parece que seguimos en el régimen anterior, donde el fin justificaba los medios. Si hay que desvelar intimidades, se desvelan, sin importar el daño que causen. Si hay que injuriar, se injuria, sin mayores problemas. Encima, con una posible investigación criminal que, de todos modos, ya nos encargaríamos sus compañeros de que no prosperase".

Creyendo que era su deber, y más que su deber, su condición de amigo leal, estar con Bukovsky y darle ánimos en las horas bajas; se fue directamente a verle, aprovechando que el miércoles no había sesión de juicio. De madrugada, salió de Karlsruhe con su Adler Cabriolet, y en unas horas llegó a Hamburgo gracias a las excelentes autopistas que comunicaban ambas ciudades.

Albert Bukovsky no era precisamente un *blandengue*,

como lo había demostrado con creces a lo largo de la guerra. Pero la puesta en evidencia de sus tendencias sexuales, cuando en la Alemania Occidental y también en la Oriental esta condición no era todavía aceptada mayoritariamente por una sociedad cargada de prejuicios, le había afectado mucho hasta hacerle perder los estribos. Ahora sólo quería que se corriese un tupido velo sobre su testimonio y los incidentes posteriores, en una palabra... que le dejasen en paz. Cuanta menos publicidad se diese al asunto, ¡mejor!, pero esto era imposible. Incluso en el restaurante de Hamburgo donde trabajaba, algunos de sus compañeros ya le habían negado el saludo como si se tratase de un apestado.

Las noticias corrían como la pólvora. Los diarios que informaban sobre el proceso contra Peckmann, se habían hecho eco del incidente ocurrido en el *Landsgericht* de Dúseldorf. La prensa vende más si se publican noticias morbosas o que se salen de lo corriente. Un altercado en un lugar tan serio como un tribunal territorial, protagonizado por un testigo a quien acusaban de homosexualidad, constituía en aquella época una *perita en dulce* para cualquier periodista-redactor avezado.

—¿Cómo te encuentras, Albert? —le preguntó Willy, nomás fue recibido por aquél en su departamento.

—¿Cómo quiere que me encuentre, capitán?, ¡jodido!, tal y como están las cosas, ¡es lo que me faltaba!

—¡Ya me lo imagino!, pero quiero que sepas que la mayoría de nosotros estamos contigo. No quiero que te sientas solo en esta situación. Hay muchísimas personas en Alemania que no entienden cómo una tendencia sexual, por su propia naturaleza, puede ser calificada de delito. ¿Has matado?, ¿has robado?, ¿has coaccionado?, ¿has corrompido a niños?, ¿eres un proxeneta?, ¡no! Entonces... ¿Qué nos están contando?—Muchas gracias, capitán. Viniendo estas palabras de usted, me siento muy reconfortado. Ya sabe que estoy curtido y no me dan miedo los retos; lo que temo son las consecuencias prácticas en mi vida. Ya hay cuatro gilipollas que me han negado el saludo o me han dado la espalda.

—Albert, nadie patea a un perro muerto. Las críticas, en todos los órdenes, son inevitables. Tienes que ponerte el paraguas para que te resbalen las que sean infundadas y ver el lado positivo de las cosas. Ya sé que es fácil decirlo, y que estamos hablando de un tema muy delicado, con posibles consecuencias penales. Sin embargo, estas situaciones son auténticos depurativos de los amigos (!) y de los *buenos* conocidos. Los que quedan después de la purga son los que valen, y son muy pocos; lo demás es *morralla,* superficial y llena de prejuicios. Por eso, no te quiero ver triste, quiero que me invites en vacaciones al *Bodensee*; ya verás qué bien nos lo vamos a pasar. Te puedes traer a quien quieras; yo iré con Ilse. Es que, Albert, ¡no podemos amargarnos ni un minuto! ¡No pienses en las personas que te desagradan! Eso sólo te puede hacer daño y entonces ellos han ganado. Tenemos ¡tantas cosas buenas e interesantes por hacer y descubrir!".

—Capitán, yo pienso lo mismo que usted. Saldremos adelante como en la guerra, y ya sé que cuento con su apoyo.

—¡No sólo con el mío, Albert!, también con él de Klaus, Thomas, Walter y Waldemar.

—¡Waldemar!

—Sí, ¡Waldemar!, ¡aunque te parezca mentira! Me ha insistido mucho para que te diga que cuentes con él. ¡Así que ya sabes!, ¡cómo te vea deprimido!, ¡te doy dos tortazos y te vienes conmigo a Karlsruhe!

—Usted sabe que a mí, eso no me va a ocurrir; aunque sólo sea por hacer honor a Funke, por estar a su altura.Capitán, a menudo pienso en él, ¡qué valor tenía!, y ¡qué generosidad! Me ha llamado su hermano cuando se ha enterado por la radio del incidente en el juzgado. En su familia me conocen y, aunque sospechaban algo, conmigo eran sumamente respetuosos. Ahora además, me demuestran su apoyo. Hay gente buena en todos los lados.

—Entonces, ¡no te quejes! ¡A ponerse orejeras y a trabajar! No puedes dejar que las cosas te afecten tanto y eso depende enteramente de ti. Recuerda, Albert, que la diferencia entre las personas radica en la forma como reaccionamos ante los acontecimientos, pues a todos nos pasan cosas buenas y malas. Ocupémonos de nuestro pan de cada día y reaccionemos positivamente ante la adversidad.

Cuando al anochecer Willy volvía a Karlsruhe, se sentía muy bien, aunque se hubiese pegado una paliza de mil demonios. Al día siguiente, tenía que comparecer ante el tribunal del *Land*; pero no notaba el cansancio. Se sentía lleno de energía por la satisfacción que le producía el haber ayudado a un buen amigo, en el momento en que más lo necesitaba.

Al llegar a su departamento, lo primero que hizo fue poner el despertador. Luego cayó literalmente roto sobre la cama.

***

Cambian las tornas

Cuarto día del juicio

La mañana del jueves 23 de abril de 1953 la expectación en la gran sala del palacio de justicia de Dúseldorf era máxima. Sólo faltaban unos minutos para que empezara la sesión, y los periodistas acreditados tomaban notas apresuradamente, o empezaban dibujos que luego terminarían en la redacción, ya que las fotos dentro del edificio estaban prohibidas.

El primer testigo en comparecer fue Klaus Zimmermann. Después de las preguntas que le formuló el juez Schelner y de sus escuetas respuestas monosilábicas, el turno le llegó al abogado de la acusación, que valoraba mucho el testimonio del antiguo *Oberfeldwebel* —sargento mayor— de la Wehrmacht.

—¿Qué les dijo el capitán Meinhof a usted y a sus cámaradas, Walter Schuhmacher y Albert Bukovsky, después de la conversación que escuchó el soldado Hans Witzke en el camión ruso?

—Simplemente, que prestáramos atención a lo que nos iba a decir Hans y guardásemos en secreto sus palabras, hasta que de vuelta en Alemania, el capitán o yo mismo tomásemos la decisión de hacer pública la traición de Peckmann.

—¿Era una orden o un consejo?

—Obviamente, no era una orden. Para nosotros la guerra había terminado. Se trataba más bien de un pacto de caballeros que hemos cumplido todos.

—Volvamos ahora al 17 de octubre de 1943, al momento del primer ataque ruso a la posición que ocupaba

124

su unidad. ¿Le indujo a sospecha la actitud derrotista del entonces *Hauptsturmführer* de las Waffen SS frente al enemigo?

—Primero, me quedé literalmente de piedra: la reacción del capitán Kurt Peckmann era absolutamente contraria a las ordenanzas militares. Luego, al analizar lo que había ocurrido, escuchar el relato de Hans, y tener varias conversaciones con él, todo adquirió una gran coherencia... ¡lo vi todo clarísimo! —remató Klaus.

—¿Qué quiere decir?

—Que el acusado había prevenido a los rusos. Les había revelado la existencia del oro e informado que, a las nueve de la noche, nuestras tropas motorizadas vendrían a recuperar el cargamento de lingotes y proteger la retirada. Con esas advertencias, era lógico que los rusos atacaran antes; también que Peckmann hiciera lo posible para facilitarles el *trabajo* de tomar la posición, como parte del trato.

—¡Protesto, Señoría! —exclamó Schneider—. Esas conclusiones son meras suposiciones, meros juicios de intenciones. No pueden tener valor de prueba ni puede el testigo expresarse en esos términos. Juzgar corresponde al jurado, no al señor Hofmann, que tiene que limitarse a preguntar sobre hechos y no sobre valoraciones.

—Aceptada, señor Schneider. ¡Hofmann!, ¡retire su pregunta y cíñase a los hechos!; lo que haya que concluir ya lo hará el jurado.

—Disculpe, Señoría. ¿Señor Zimmermann, notó algo raro en el acusado antes de producirse el primer ataque de los rusos, algo que se saliese de lo normal?

—Sí, observé que estaba muy inquieto, excesivamente nervioso, cuando lo que estábamos todos era muy relajados, pues sabíamos que vendrían a recogernos a las nueve de la noche. Por fin íbamos a salir de aquel infierno.

—Concretamente, ¿qué hacía el acusado que pudiera llamar su atención?

—No paraba de ir de un lado a otro, observando al enemigo con los periscopios de trinchera o comunicándose con los vigías de los puestos avanzados. Me dijo que su temperamento era un tanto nervioso, y que no se encontraba bien.

—¿Era normal ese comportamiento desde el punto de vista militar?

—Sí, en el caso de que se fuera a entablar combate, pero no en aquellas circunstancias.

—Gracias, señor Zimmermann, su testimonio ha sido muy ilustrativo. Centrándonos ahora en la etapa del cautiverio, ¿cuándo volvieron ustedes de los campos de concentración de Rusia?, me estoy refiriendo a los supervivientes de la compañía.

—Generalmente, a partir de los tres años de acabada la guerra, y así, la mayoría fuimos liberados entre 1948 y 1949.

—¿Había oficiales prisioneros entre ustedes?

—Al principio sí, pero luego nos separaron.

—¿Fueron liberados algunos en 1946?

—¡No!¡Eso era impensable!, salvo que fueses colaboracionista o prestases ciertos servicios a los rusos.

—Entonces, ¿qué le parece la vuelta del acusado a Alemania en fechas tan tempranas como en febrero de 1946?

—¡Está claro!, era un trato de favor por la fiel colaboración con el enemigo.

—Señoría —intervino de nuevo Schneider—, el letrado está interrogando otra vez sobre juicios de valor que sólo corresponde hacer al jurado. El acusado ya dijo que tuvo que huir de Rusia para salvar la vida, porque la situación se había puesto muy fea.

—Admitida su protesta, señor Schneider. Señor Hofmann, señores del jurado, la respuesta del testigo a la última pregunta no debe ser tenida en cuenta. Invade las competencias del jurado. ¡Que conste en acta!

Después de esta última declaración, Hofmann terminó su interrogatorio y sonriendo de reojo a Schneider, se dirigió a la mesa que ocupaba. El efecto de sembrar dudas sobre la vuelta de Peckmann a Alemania había sido conseguido, a pesar de las protestas de Schneider o de los formalismos del juez Schelner.

Cuando el juez se dirigió al fiscal Julius Schmitt para el segundo turno de preguntas, éste, siguiendo con sus costumbres indolentes, declinó una vez más el ofrecimiento continuando con su actitud poco participativa y pasando el testigo a Schneider. Arthur aprovechó la ocasión para lanzarse sobre Zimmermann como un *Stucka* — uno de los más famosos aviones de combate alemanes en la Segunda Guerra Mundia—l.

—¿Cuál era la situación del soldado Hans Witzke cuando le encomendaron la misión de llegar hasta el puesto de mando de la división?

—No sé a qué se refiere, si no concreta más la pregunta no voy a poder responderle.

—Me refiero a su estado psicológico. Usted, como

Oberfeldwebel, y si me permite el símil, como *segundo de a bordo*, estaría al tanto de las condiciones mentales de sus hombres. ¿No es así?

—¡Por supuesto! Hans estaba bien, física y mentalmente. Era un hombre muy querido por la compañía; siempre se daba a todos. Lo demostró al no titubear cuando le transmití la orden de alcanzar solo y a pie el puesto de mando del regimiento, atravesando tierra de nadie y sometiéndose a todo tipo de peligros. Piense que éramos una unidad avanzada y aislada, en una zona inhóspita donde no había tropas amigas, pero sí francotiradores que de vez en cuando nos daban algún susto.

—¿Y cómo es que una persona, tan sociable y favorecedora, tan equilibrada y dispuesta, coge un buen día en el campo de prisioneros y se suicida de la manera más brutal?

—¿Ha estado usted en la guerra, señor Schneider?

—¡Gracias a Dios, no! Pero yo soy el que hace ahora las preguntas; usted, limítese a contestar.

—Cualquiera que haya estado luchando en Rusia y luego en el cautiverio, conoce perfectamente el tremendo sufrimiento de los soldados y las muchas dificultades para sobrevivir, salvo en el caso de los colaboradores o de los traidores, que también los hubo. Un buen porcentaje de los prisioneros alemanes murió en los campos, a causa de la venganza, de los malos tratos, de la escasa alimentación o de las condiciones horrorosas de algunos lugares. Otros, pura y simplemente, no aguantaron y optaron por suicidarse. Le aseguro que el caso de Hans fue uno de entre muchos. Además ocurrió durante el otoño de 1948, es decir cinco años después de entregarnos al enemigo.

—¿No es más cierto que el soldado Hans Witzke estaba dotado de una imaginación desmedida?, ¿que tenía visiones que le hacían confundir la ficción con la realidad?

—¡Eso que usted dice no es verdad! —contestó Klaus con vehemencia—. ¡Era muy equilibrado, con un gran sentido común y una gran sensibilidad! —Ante la resistencia berroqueña de Zimmermann, Schneider extrajo de la chistera el conejo que tenía preparado para contradecir al testigo. —Con lentitud calculada, tomó su cartera de piel, abrió la cremallera y, mirando fijamente a los miembros del jurado, introdujo en ella su mano izquierda sacando una carpeta roja cuyo nudo desató para extraer el documento que contenía.

—Señoría, lamentamos disentir de las palabras del ex sargento mayor Klaus Zimmermann. Delante de mis ojos tengo la ficha militar del soldado Hans Witzke. Como podrán comprobar los miembros del jurado, en su hoja de servicios constan varias sanciones. Dos de ellas se refieren a su estancia en el campo de entrenamiento de *Wildflecken*, antes de tomar parte en la operación Barbarroja. Para ilustrar al tribunal, si me permite su Señoría, desearía dar lectura a una de ellas.

—Proceda, señor Schneider, ¡somos todo oídos! — exclamó el juez Schelner, siempre tan atento y dispuesto con el abogado defensor.

—Esto es lo que consta en los nada sospechosos archivos de la antigua Wehrmacht a los que hemos tenido acceso. *¡Gott sei dank*! (¡Gracias a Dios!), los registros recogen lo que los hombres no se atreven a decir en público por temor a herir la memoria de un soldado —añadió Schneider en tono compungido, mientras posaba su regordeta mano derecha sobre el corazón y miraba durante unos segundos al techo, como si estuviese a punto de leer un pasaje de la Biblia.

"¡Vaya payaso infame! —pensó Hofmann—, pero ¡qué efecto escénico más bueno! Este tío debería abandonar el el mundo del foro y dedicarse al mundo de las tablas".

Schneider empezó a leer:

—El documento dice así: "... el recluta, Hans Witzke, ha sido reprendido por inventarse historias con el fin de ausentarse repetidamente de sus obligaciones militares de entrenamiento. Por ello ha sido llamado al orden y recluido en una celda de castigo durante una semana".

Ante el nuevo descubrimiento, el juez Schelner no cabía en sí de gozo; un nuevo factor de distorsión se introducía en el juicio haciéndolo más complicado y divertido.

—Muchas gracias, abogado, se admite como prueba la copia del informe que consta en el expediente del soldado Hans Witzke; trasládese el documento a la acusación y al ministerio fiscal para que lo examinen antes de incorporarlo al sumario.

Como es lógico, Hofmann impugnó el documento, solicitando que se comprobase su autenticidad mientras, sorpresivamente, el fiscal Schmitt lo daba por bueno. Luego, pasó a ser examinado también por los miembros del jurado. Realizada la operación, el satisfecho Schneider, con nuevas fuerzas, prosiguió con su incisivo interrogatorio.

—Señor Zimmermann, en sus respuestas a su *excelencia* el juez Schelner, hay un punto que no nos ha quedado claro del todo. Usted ha dicho que el soldado Hans Witzke, tras escuchar una conversación en el camión que junto al capitán Meinhof y otros soldados les conducía al cautiverio, les reveló a ustedes su contenido por orden del capitán. ¿No, es así?

—En efecto, a mí, al soldado Bukovsky, y al cabo Walter Schuhmacher, en los términos que ya he declarado. Pero repito que no se trataba de una orden, sino de un consejo que le dio el capitán. Luego, todos guardamos silencio sobre el contenido que nos reveló, sellando un pacto de caballeros.

—En esa *fábula de La Fontaine* que les contó el soldado fallecido...

—Protesto, Señoría —se levantó Hofmann como un resorte—, no se puede permitir a la defensa descalificar en esos términos lo que nos relató Hans. El letrado está extrayendo conclusiones que sólo pueden corresponder al Jurado.

—Continúe, Arthur —dijo el juez dirigiéndose cariñosamente a la defensa e ignorando deliberadamente las protestas de la acusación.

Parecía como si Schelner, que era muy vanidoso y amante de los halagos, hubiera sido seducido, aún más si cabe, por las artes del abogado Schneider y por el término de *excelencia* que éste había utilizado para dirigirse al presidente del Tribunal.

—Señoría, retiro lo de la fábula de La Fontaine. Eso, en efecto, es una conclusión a la que llegarán con toda seguridad los ilustrísimos miembros del foro cuando finalice la prueba. Ahora, señor Zimmermann, ¿quiere explicar al jurado como se enteró el soldado Hans de que el acusado se había pasado a las líneas soviéticas con el teniente coronel ruso? Según presumen ustedes, mi defendido urdió allí, en connivencia con el enemigo, el ataque contra la posición que ocupaba la Compañía 150.

—Eso fue lo que en conversaciones posteriores y ya en el campo de prisioneros nos dijo Hans.

—O sea que Hans estuvo presente cuando, según ustedes, Kurt Peckmann se pasó a las líneas rusas.

—No estuvo presente, simplemente dedujo que el

Hauptsturmführer lo había hecho, por todos los acontecimientos posteriores.

—Ah! O sea que no lo vio, sino que se lo imaginó... No tengo más preguntas, Señoría.

—¡Esto es infame, señor Juez! ¡Es la pura verdad!, ¡no se trata de ninguna fábula! —gritó Klaus perdiendo la compostura.

—¡Cállese!, ¡haga el favor de permanecer en silencio y limitarse a responder, o me veré obligado a expulsarle de la sala! —amenazó Schelner, al tiempo que esgrimía su martillo de madera en dirección a Zimmermann, como si blandiese una maza de caballero medieval frente al enemigo.

El balance del último testimonio no había sido positivo para la *Nemesisverein*. Hans Witzcke había quedado de nuevo en entredicho. A sus posibles *relaciones* con Albert Bukovsky y su desprecio por los SS, se unían ahora su tendencia a la fantasía y la puesta en evidencia de que nadie había visto a Peckmann pasarse al enemigo. Por otra parte, Klaus, que de ordinario era un hombre tranquilo y cerebral, no había sido capaz de contener sus emociones. De nuevo, Schneider se anotaba un punto al final del asalto, sembrando dudas sobre la veracidad de uno de los testimonios clave de la acusación. Cabizbajo, el holandés bajó del estrado y ocupó un lugar entre el público, pensando que su actuación había tenido un epílogo demasiado visceral, con consecuencias en el jurado, difíciles de calibrar.

**

El segundo testigo del día era el ex capitán Wilhelm Meinhof. El también presidente de la asociación Némesis había esperado y luchado mucho para que llegara este momento. Pocos actos de su vida tenían tanta importancia y podían ser tan decisivos. El sufrimiento de los meses anteriores y las ilusiones puestas en el juicio reforzaban la intensidad del reto que estaba a punto de afrontar. Era en estas circunstancias cuando salía a relucir lo mejor de su preparación y de su personalidad. Willy era un maestro gestionando situaciones extremas. Allí donde la inmensa mayoría de las personas se hubieran abrumado bajo el peso de la responsabilidad, él emergía como una nave sólida y estable en medio de la tempestad, tranquilizando a sus ocupantes y manteniendo el rumbo.

Accediendo a la sala del juicio, escoltado por un ujier, el testigo se dirigió con firmeza al lugar que le habían asignado en el estrado. Mientras se acercaba, le pareció que el tiempo se detenía, que todo a su alrededor se paralizaba y oscurecía. Todas las vivencias, tristes y alegres, dulces y amargas, o dolorosas... por las que había atravesado prime- ro solo, y luego junto a sus camaradas durante los dos últimos años, se sucedieron en su mente como una película proyectada en cinemascope y tecnicolor sobre la pantalla panorámica de un gran cine... el cine de la vida.

Willy entraba en escena volviendo de Rusia, atenazado por la desesperación, derrotado, rodeado de un aura oscura. Luego venían su vida disoluta y depravada, sus correrías nocturnas por los más sórdidos lugares, sus excesos... su superficialidad y la degeneración; el lector de almas, que le sonreía desde un mundo lejano; el club de los suicidas, ¿una pesadilla?... la oscuridad; su recuperación en el hospital, Ilse... la luz; las navidades de 1951... el calor de la familia en compañía de su madre y de su querida herma- na Erika, tan sensible a todo lo que le pasaba.

En la siguiente escena sus camaradas se mostraban sonrientes... y más tarde preocupados. Luego veía a su ma- dre y a su hermana Erika con sus dudas e incertidumbres; a Ilse..., la desesperación y el amor; la fiesta en el castillo de

Tempelberg, Peckmann y su elegante esposa; la mansión de Duisburgo... el peligro; el encuentro con Cara Cortada que le tendía la mano, a pesar de todo; Roland Gross que aparecía fugazmente pero... su cara no tenía expresión; el bosque de Teutoburgo... lo inconfesable. Finalmente, la sala del juicio y sus protagonistas que, según los casos, aparecían rodeados de luz o de tinieblas. En una penúltima escena, Gerald Funke surgía resplandeciente... en la gloria, mirándole fijamente desde el Jardín del Edén. Ahora se veía a sí mismo, con el uniforme militar que llevaba el 17 de octubre de 1943, pero no estaba sucio ni andrajoso, sino nuevo y reluciente. Caminaba despacio hacia el estrado, envuelto en una bruma nívea que le mareaba, y a uno y otro lado formaban sus camaradas muertos, también uniformados, dándole ánimos...

—Herr Meinhof, ¿le ocurre algo?, ¿se encuentra usted bien? —le preguntó Schelner en tono impersonal, al ver que Willy se había quedado traspuesto, como en blanco, cuando pronunciaba su nombre por tercera vez.

—Excúseme, Señoría... Ha sido un pequeño lapsus. No es nada —respondió, recuperando inmediatamente su aplomo. —Después de prestar juramento, el juez le interrogó con base en las preguntas que constaban en el escrito de la acusación. Luego empezó la verdadera guerra con los turnos de repreguntas, correspondiendo la primera intervención al abogado Hofmann.

—Señor Meinhof, cuando el soldado Hans y el acusado, el *Hauptsturmführer* Peckmann, volvieron a la posición el 16 de octubre de 1943, ¿notó usted algo que le llamara particularmente la atención?

—Sí, hubo un detalle que me chocó bastante: la radio-emisora que trajeron del cuartel general estaba rota.

—¿Qué clase de avería tenía?

—Según me comentó muy extrañado el sargento Funke, que era un experto en telecomunicaciones, parecía como si la hubieran pisoteado.

—¿Qué hizo al respecto?

—No podíamos arreglarla, por más que lo intentamos. De nuevo, estábamos aislados.

—¿Sospechó usted algo en ese momento?

—¡No!, en ese momento no.

—¿Quiere comentar las conclusiones a las que llegó, después de que Hans les relatara la conversación que tuvieron el capitán Peckmann y el coronel Vasiliev, en el camión que les conducía prisioneros?

—Desde ese momento, para mí, todo estaba claro... las piezas encajaban perfectamente. El acusado había hecho todo lo posible para que el ataque ruso fuese un éxito, y una de las condiciones era inutilizar la radio. Con la emisora en funcionamiento, habríamos podido avisar del ataque y pedir la intervención de la *Luftwaffe* o adelantar el rescate de la compañía.

—Gracias, señor Meinhof. Ahora quisiera que se centrara en el 17 de octubre, el día del ataque. Ha declarado usted al juez que ese día, de madrugada, antes de partir con el soldado Bukovsky para recuperar la moto, dejó el mando de la compañía en *buenas manos*. ¿Puede explicarnos a qué se refería con esa expresión?

—Al frente de la unidad se encontraba el *Oberfeldwebel* Klaus Zimmermann, mi mano derecha, la persona en quien yo tenía más confianza, y por su graduación, el segundo de a bordo en la compañía, ya que el teniente Maximilian Engel convalecía en un hospital de Berlín. Además estaba el acusado, *Hauptsturmführer* de las Waffen SS, equivalente en el *Heer* al rango de capitán. Por ello partí muy tranquilo. Si me hubiese pasado algo, y lo cierto es que Bukovsky y yo estuvimos a punto de no contarlo, había dos personas responsables.

"Me gustaría añadir que nosotros no nos fuimos de fiesta: íbamos a recuperar un vehículo muy necesario, una moto BMW que se hallaba a pocos kilómetros de distancia, en una aldea abandonada. La víspera, el acusado, acompañado por el soldado Hans, decidió dejarla camuflada allí y, en principio, no había nada que temer".

—A usted, como militar, ¿qué le pareció esa decisión de *aparcar* un vehículo tan rápido como una moto, a cuatro kilómetros de la posición?

—En principio, se podía comprender. Aproximarse a la posición sin hacer ruido por la noche para no llamar la atención de los rusos, era una opción. Pero esa no era la verdadera razón para dejar la moto en la aldea.

—¿Qué quiere decir con eso, capitán, perdón, quiero decir, *Herr* Meinhof?

—Protesto Señoría —intervino Schneider como un tifón—. Se está preguntando al testigo sobre una creencia, sobre un juicio de intenciones, y las conclusiones a este respecto sólo corresponde establecerlas al jurado.

—Aceptada su protesta, retire la pregunta y continúe, señor Hofmann.

—La retiro, Señoría, el jurado extraerá sus propias conclusiones.

—Vayamos ahora al momento del primer ataque. ¿Considera justificada la reacción del capitán Peckmann ante la acometida del enemigo?

—¡No!, ¡bajo ningún concepto! Por muy abrumadoras que fueran las fuerzas contrarias, nosotros teníamos una orden que cumplir. Mientras nos quedasen armas y municiones, y hubiese un atisbo de esperanza, nuestra obligación de militares era combatir y resistir; máxime cuando sabíamos que por la noche estaba previsto que vinieran a rescatarnos. Muy a menudo se olvida que no hay mayor honor para un oficial que morir en el campo de batalla. El combate para un militar es un gaje del oficio, y nunca debe ser rehuido mientras tenga alguna utilidad, mientras cumpla alguna función, como en este caso.

"Después del segundo ataque, las posibilidades de resistir un tercero eran nulas. Todos habríamos muerto y nuestro sacrificio habría sido estéril, pues faltaban aproximadamente ocho horas para que los refuerzos prometidos llegaran. En ese momento, y sólo en ese momento, era cuando podía cesar el combate y aceptarse una rendición, y así se hizo".

—¿Había tenido antes su compañía asaltos de ese calibre?

—La verdad es que durante los meses anteriores, desde que se consolidó el frente en esa zona, el sector estaba muy tranquilo. Sólo se dieron algunas escaramuzas y el acoso de los francotiradores. Esa acción de los rusos era un tanto extraña.

—¿Qué le dijo el acusado cuando fue usted a recriminarle su actitud entreguista durante el primer ataque?

—Que las fuerzas enemigas eran muy superiores, que era una locura resistir, y que lo lógico era que nos rindiéramos sin entablar combate, sin mostrar resistencia alguna.

—¿Le habló de religión o de humanidad para justificar su

desmedido deseo de rendirse?

—En ningún momento. Parecía que lo único que quería era salvar su pellejo.

—¿Cómo fue el comportamiento del acusado durante la rendición?

—Nada profesional y muy derrotista. Tenía mucha prisa en que nos entregáramos y abandonáramos rápidamente la trinchera, sin pensar siquiera en inutilizar nuestras armas o tratar de asegurar la supervivencia de nuestros heridos.

—¿A qué atribuye esa actitud?

—En ese momento, lo atribuí a cobardía. Luego, como ya he explicado antes, todo encajaba. Cuando aceptamos la propuesta del enemigo, más o menos a las dos y media de la tarde, quedaban sólo seis y horas y media para que las tropas motorizadas de nuestro ejército vinieran a rescatarnos y a transportar el oro. Al haber revelado esta información a los rusos, estos le habrían exigido como parte del trato que tratase de acelerar al máximo la rendición, para que pudieran apoderarse del tesoro antes de que llegaran nuestras tropas.

—Gracias, capitán... perdón, quiero decir, *Herr* Meinhof. Ahora quisiera enseñarle un documento que ha aportado la acusación. Trata de unos pequeños incidentes que pretenden poner en entredicho la salud psíquica del soldado Hans. —Después de leerlo detenidamente, Willy se lo devolvió a Hofmann que continuó con el interrogatorio—: ¿Qué tiene que decir al respecto?

—Esto es sacar las cosas de quicio —contestó Willy con firmeza—. A pesar de la disciplina de nuestro ejército, algunos soldados, en un momento dado, hemos tenido que inventarnos excusas para eludir una guardia o alguna actividad que nos produjera repulsión. En un campo de entrenamiento como *Wildflecken*, donde no había peligro frente al enemigo, eso constituía una infracción venial. No me parece que deba tenerse en cuenta, sobre todo en el caso del soldado Hans que llevó a cabo acciones tan arriesgadas y beneficiosas para la compañía a lo largo de más de dos años.

—¿Tuvo usted que reprenderle o castigarle durante ese período?

—¡Nunca!, ¡era un soldado ejemplar!

—Por último, señor Meinhof, quiero ahora preguntarle sobre un aspecto de los hechos que esta acusación particular considera de gran importancia, y que no debe pasar desapercibido en ningún momento. ¿Qué comentarios escuchó usted de los responsables de las SS sobre el origen del cargamento de oro, cuando le encomendaron su custodia unos días antes del ataque?

—El *Sturmbannführer* (comandante) de las SS que estaba al mando del transporte me comentó que todo ese oro procedía de los judíos de Ucrania.

—Gracias, señor Meinhof. Señoría, no tengo más preguntas.

—Tiene la palabra el ministerio público.

—Gracias, Señoría, el testimonio del Señor Wilhelm Meinhof ha sido muy consistente y claro, y además...

—Señor fiscal —le cortó con brusquedad el presidente—, le ruego que guarde sus conclusiones para el final del juicio. Este no es el momento procesal oportuno. Si tiene que hacer preguntas, hágalas, y si no, cállese. ¿Está claro?

—Sí, Otto, quiero decir, Señoría, no hace falta interrogar en este caso.

Deliberadamente, Julius, molesto por la recriminación que le había dejado con la palabra en la boca, había devuelto al juez parte de su amarga medicina, llamándole por su nombre propio. El fiscal, obviamente, sabía que no eran formas de dirigirse al presidente de un tribunal, pero sobre todo, que Schelner lo consideraba como un sacrilegio y una ofensa personal. Echando fuego por los ojos mientras miraba a Julius de soslayo, el presidente cedió la palabra al abogado Schneider para que cerrara el turno de intervenciones. Éste no desaprovechó la ocasión:

—Señor Meinhof, ¿no es cierto que en octubre de 1943 ustedes esperaban una gran ofensiva soviética sobre su sector del frente?

—Así es. Antes de que la radio-emisora dejara de funcionar, nuestros mandos nos habían comunicado que los rusos habían consolidado ya sus cabezas de puente en el Dniéper; sólo era cuestión de tiempo que atacaran en nuestro sector.

—Entonces, ¿era normal que se produjera un ataque contra su posición?

—Sí y no. Las principales batallas se estaban librando a más de cien kilómetros de distancia. Una acción aislada contra mi compañía no tenía ningún sentido en ese momento, a no ser que el ejército soviético hubiera sido informado del depósito del cargamento de oro. ¡Ésa es la única explicación coherente!

—Pero ¡no se me vaya por las ramas señor Meinhof! ¿Se estaba, o no se estaba produciendo la ofensiva soviética?

—Sí, se estaba produciendo.

—¿Mantenía usted buenas relaciones con los SS?

—¿Qué tiene que ver eso con este juicio?

—¡Señor Meinhof! —intervino el juez Schelner— ¡Limítese a contestar a la defensa! La pertinencia o no de las preguntas la decidiré yo. Ahora, explíquenos si mantenía buenas relaciones con las SS.

—Mantenía las relaciones estrictamente profesionales que requerían las operaciones militares. En este sentido, no había ningún problema de colaboración. Dicho ello, todo lo que estaban haciendo en la retaguardia me parecía indigno y repugnante, propio de unos asesinos, no de un ejército; como por otra parte muchos de nosotros pensábamos.

—¿Era usted amigo de los judíos?

—Yo soy amigo de mis amigos. Me trae sin cuidado si son católicos, protestantes o judíos. Sólo veo personas.

—¿No es cierto que uno de los empleados más próximos a su padre y a usted, era un judío que había sido deportado al Ghetto de Teresienstadt?

—Sí, supongo que se refiere al Señor Joseph Weinhaus. Era un excelente empleado, un gran amigo de la familia, y no tengo nada de qué avergonzarme. Los que tienen que avergonzarse y pagar sus culpas son los criminales que lo enviaron al Ghetto y lo asesinaron. Pero, sigo sin ver qué relación tiene esto con el juicio.

—Señoría —concluyó Schneider—, sólo quería que quedase patente que es un hecho la fuerte animadversión del testigo hacia todo lo que oliera a SS y, por consiguiente, sus prejuicios negativos sobre el acusado.

—¡Yo no he dicho eso Señoría!, el abogado Schneider está tergiversando mis palabras, ¡protesto! —exclamó un Willy muy airado, sin que sirviese para nada pues el juez Schelner le ignoró completamente, y el ministerio fiscal prefirió no intervenir, para no tocar las narices más de la cuenta a su querido (¡) Otto, con el que tenía que convivir prácticamente todos los días en el *Landsgericht*.

**

Por fin llegaba el momento más esperado para Albert Hofmann y los componentes de la *Nemesisverein*: el testimonio de Roland Gross, verdadera llave de bóveda que, sustentando todo el edificio probatorio, se suponía iba a inclinar la balanza del lado de la acusación.

Cuando el juez Schelner fue a anunciar al tercer testigo del día, se le hizo un nudo en la garganta. Tragó saliva y bebió un poco de agua. Conocía perfectamente la importancia de la declaración que se avecinaba, por las preguntas escritas que ya le había entregado la acusación, y su subconsciente se lo estaba haciendo pasar muy mal. Tomando de nuevo el control de sí mismo, hizo un signo al ujier que estaba de pie unos metros detrás de él; éste se le acercó, Schelner le habló al oído y luego, con voz cavernosa y de ultratumba, se dirigió a toda la audiencia:

—Puede comparecer el señor Roland Gross. — Al oír su nombre, Hofmann, Klaus, Thomas, Walter, Waldemar, todos los demás miembros de la asociación Némesis, sus familiares y los demás simpatizantes de la acusación, sintieron que había llegado la hora de la verdad. "Ahora es el momento decisivo —pensó Willy, al que un escalofrío recorría todo su cuerpo—. Espero que nuestro sufrimiento y nuestros esfuerzos no hayan sido en vano".

Al salir de la gran sala, el ujier se dirigió a una de las estancias donde los testigos, aislados, tenían que esperar a ser llamados a presencia del tribunal..., pero allí no había nadie. Extrañado, el funcionario retornó a la sala del juicio, se acercó al juez, y se lo comunicó al oído. Schelner, que unos minutos antes había palidecido, recobró el color amarillento que normalmente lucía su piel apergaminada. Conteniendo la sonrisa que se le dibujaba en la cara, y una voz que había recuperado también su volumen y timbre habituales, tomó la palabra:

—Señores letrados, señor fiscal, el testigo Roland Gross, que ha sido legalmente convocado a esta sesión, no ha comparecido. —La afirmación del juez cayó como un mazazo sobre los seguidores de la Nemesisverein. —Luego se dirigió al abogado de la acusación—: ¿*Herr* Hofmann, hay alguna razón que justifique la ausencia de su testigo?

—¡Señoría!, no nos explicamos lo que ha podido pasar. Tiene que haber sido algo, ¡muy grave!, pues el testigo me aseguró que hoy estaría aquí, ¡pasase lo que pasase!

—Todo eso me parece fantástico, señor letrado, pero en resumidas cuentas, usted no ha justificado la incomparecencia de su testigo —afirmó Schelner de firma irónica y brutal—. En estas circunstancias, me veo obligado a proseguir el juicio en fase de conclusiones.

Ante lo que se venía encima, Hofmann, con la cara desencajada, reaccionó rápidamente lanzándose a tumba abierta.

—¡Señoría!, esta parte se ve obligada a solicitar de inmediato la suspensión de la sesión, al menos durante 24 horas. El testimonio del señor Roland Gross es fundamental para la acusación. Sin su concurso, el jurado no dispondrá de todos los elementos necesarios para dictar una sentencia adecuada, y a esta parte se le ocasionará una gran indefensión.

—¿Qué opina la defensa sobre la petición de la acusación? —preguntó molesto el juez, después de consultar en voz baja a los miembros del jurado.

—Señoría —intervino Schneider—, se han observado escrupulosamente todas las formalidades legales, la acusación ha podido utilizar durante el juicio todos los medios de prueba; no veo en consecuencia que haya que suspender la sesión.

—¿Qué tiene que decir el ministerio fiscal? —preguntó Schelner cumpliendo con el procedimiento y dando por hecho el silencio del acusador público.

Pero el tiro le salió por la culata. Sorpresivamente, Julius Schmitt se despertó esta vez de su letargo. Y es que ya era demasiado. La actitud del juez iba más allá de lo que él, a pesar de sus miedos y su indolencia, podía admitir. Así que, sorprendiendo a todos y sorprendiéndose a sí mismo, el hasta ese momento timorato Julius decidió tomar cartas en el asunto y evitar que se cometieran más abusos. Cumpliendo con uno de los deberes fundamentales de un buen fiscal, promover la acción de la justicia velando por que se disponga de todos los medios de prueba, se inclinó del lado de la acusación:

—Señoría, los cargos contra el señor Peckmann son muy graves, y no se puede vulnerar el derechos a la prueba que tiene la acusación. A tenor de las preguntas que me han sido trasladadas, el testimonio del señor Gross es fundamental para la resolución de este proceso. Por tanto, propongo y considero ineludible que se suspenda la sesión, por lo menos hasta mañana, dando tiempo a la acusación para localizar a su testigo y que éste pueda presentarse en estrados.

"¡Por fin, se ha despertado! —pensó, Hofmann, reconfortado— ¡Aleluya!, ¡ya es de los nuestros! ¡Ya no es neutral!".

A pesar de lo inusitado de la petición, ante la actitud enérgica del fiscal, Schelner, muy contrariado, decretó un receso para que el jurado deliberase. Finalmente, la suspensión fue concedida y se emplazó a las partes para reanudar el juicio al día siguiente.

Para los miembros de la asociación Némesis, la incomparecencia del testigo Roland Gross había caído como un jarro de agua helada. Su efecto había sido demoledor y los ánimos estaban muy exaltados. Después de apaciguar y alentar a sus camaradas, Willy y Klaus, los dos líderes natos de la *Nemesisverein*, se reunieron con Albert Hofmann en un aparte.

—¿Qué ha podido pasar?—preguntó Willy al abogado en tono desabrido, aunque éste no tuviera culpa alguna en la ausencia del testigo.

—La verdad es que no tengo ni idea. Como ya os comenté, estuve reunido con él en mi despacho el viernes pasado, y me confirmó su asistencia para testificar. ¡Pero no perdamos ahora el tiempo con conversaciones estériles!, lo que tenemos que hacer es organizarnos para buscarle. ¡Esperad aquí!, voy a entrevistarme con el fiscal.

Como buen profesional que se concentra en la acción y controla sus emociones, Albert pensó que el primer paso era recabar la ayuda de la oficina del acusador público. Éste se hallaba en su despacho del Palacio de Justicia y Albert pidió al funcionario de turno que le anunciase para ser recibido. Julius, de inmediato, dio orden de dejarle pasar.

—¡Vaya faena! —exclamó al ver entrar al abogado.

—¡Y que lo diga usted!, en el momento decisivo, nos torpedean.

—¿Pero no acompañaba nadie a su hombre siendo tan importante?

—Roland me lo prohibió expresamente el viernes pasado, cuando estuve reunido con él. Me aseguró que no había ningún problema, que hoy se presentaría.

—Uno no puede estar seguro de nada en la vida, compras un circo y te crecen los enanos. Bueno, ¡vayamos al grano!, ¿qué es lo que quiere?

—Usted está en contacto con la policía. Le pedimos que nos ayude a averiguar dónde se encuentra el testigo. Tenemos muy poco tiempo y si nosotros denunciamos la desaparición, seguro que tardarán unos cuantos días o meses en decirnos algo.

Entonces, Julius siguió sorprendiendo a Hofmann agradablemente:

—Para su tranquilidad, ya he ordenado que me informe la central de policía sobre las desapariciones denunciadas los últimos días en el *Land*. También he dado instrucciones al comisario jefe para que se comunique de inmediato con el Ministerio del Interior en Bonn. No puedo hacer nada más. Si me dan alguna noticia, se la transmitiré de inmediato al teléfono que usted me diga.

—Muchas gracias, señor Schmitt. ¡Ojalá el destino no nos juegue una mala pasada!

—¡Esperémoslo, Hofmann!, ¡que tengan suerte!, se lo deseo de corazón. Ya sé que mi actuación en este juicio no ha sido todo lo buena que ustedes esperaban, pero deben comprender también mi posición. A veces no somos capaces de hacer lo que debemos.

—*Herr* Schmitt, no tiene que darme ninguna explicación, sus últimas intervenciones le honran y créame que le estamos muy agradecidos.

Al volver hacia donde se encontraban Willy y Klaus, Albert les relató su conversación:

—¡Muy bien! —exclamó Klaus—, pero en lo que respecta a nosotros, ¡no podemos perder ni un minuto!

Como una bala, se pusieron manos a la obra. La dificultad radicaba en que sabían muy poco del ausente. Lo primero que hicieron fue acercarse a la empresa de joyería Las Mil y Una Noches, que todavía conservaba sus datos. Al principio se mostraron reacios, pero cuando se enteraron de que venían en nombre del fiscal y que éste podía requerirles en el acto, se ablandaron. Cuando a eso de las tres de la tarde, llegaron a la dirección que les habían proporcionado, Roland no se encontraba en su domicilio. La portera les comentó que, desde hacía cinco días, el señor Gross no daba señales de vida. La última vez que ella o su marido le habían visto era el sábado anterior, saliendo del edificio.

—Esto empieza a oler a chamusquina —comentó Willy.

—Hay que llamar a Jürgen cara Cortada, él sí puede saber algo y si no... averiguarlo —aconsejó Klaus.

A un ritmo frenético, el ex sargento Zimmermann se dirigió al cabaret *Die Rote Fahne*, en busca de Wolfgang, el barman que en su día les puso a él y a Bukovsky en contacto con el mafioso. Por su parte, Walter y Schulze, sumándose a las pesquisas, hicieron una visita al cochambroso y apestoso piso donde había tenido lugar el primer encuentro con el mafioso; finalmente, Willy y Waldemar, que se había ofrecido incondicionalmente, al lujoso y elegante lugar donde se habían reunido por última vez. A la postre, sus pesquisas dieron resultado: consiguieron un número donde localizar a Jürgen y, a eso de las siete de la tarde, Willy, acompañado por Klaus, se comunicaba con Cara Cortada desde una cabina telefónica.

—No sé dónde puede estar —les dijo éste mostrándose nervioso, pues la noticia de la desaparición de Roland Gross le había descompuesto las tripas, y empezaba a sudar copiosamente al acordarse de la cara diabólica de Waldemar

Simka, en el penúltimo encuentro con los miembros de la *Nemesisverein*—. Les aseguro que no tengo nada que ver en esto —continuó--. ¡No quiero ningún problema con ustedes!, ¡no estoy haciendo doble juego!, ¡se lo juro! De todos modos —concluyó—, voy a movilizar a mis hombres para que lo localicen; Roland, ¡como está mandado!, tiene que cumplir con su parte del trato. Si no... se las verá conmigo.

Al colgar el teléfono, Klaus se quedó mirando inquisitivamente a Willy.

—¿Y ahora qué, capitán?

—¡Ahora, a joderse y a esperar!

Alicaídos y resignados, los dos líderes de la Asociación Némesis se encaminaron al despacho de Hofmann, donde sus otros tres camaradas se encontraban ya reunidos con éste. Alrededor de las ocho, sonó el teléfono. El abogado, nervioso, descolgó y escuchó. Era Julius Schmitt que en unos minutos le puso al tanto de la situación.

—¡Willy! —exclamó Hofmann, después de despedirse del fiscal y colgar el aparato.

—¡Dispara ya! —le espetó éste con los nervios de punta ante el tono serio de la voz de Albert, que no hacía presagiar nada bueno.

—Temo darte una mala noticia; han encontrado el Mercedes descapotable de Roland Gross o, mejor dicho, lo que queda de él. Está despeñado e incendiado en un barranco de una carretera muy escarpada cerca de Gelsenkirchen, en la Selva Negra. En su interior hay un cadáver carbonizado e irreconocible...

—Entonces, ¿quizás se trata de otra persona? —le cortó Klaus al que, por momentos, se le iluminó la cara recuperando la esperanza.

—No, Klaus, no. La policía ha comunicado al *Landsgericht* que esta mañana, algunos miembros de su familia y una mujer, con la que al parecer mantenía una relación sentimental, han identificado el cadáver —le contestó el abogado en tono apagado y mirando al suelo—. Además, han podido tomar las huellas dactilares y cotejarlas con los registros policiales. —Luego, levantando su cara desencajada y dirigiéndose a todos, añadió: ¡Herr Meinhof!, ¡señores!, ¡no hay lugar a dudas!, se trata del testigo Roland Gross.

—Ya veo... gracias Albert —acertó a decir Willy que parecía estar más en el otro mundo que en éste.

A continuación, se sentó... o más bien se derrumbó sobre uno de las poltronas del pequeño despacho, quedándose ensimismado y con la cabeza entre las manos. Sin mirar a Klaus y a los demás, y en medio de un silencio sepulcral que sin embargo hablaba a gritos, se mantuvo quedo durante unos minutos. Luego, con los ojos enrojecidos, levantó la cabeza y, sin expresión, se fijó en un punto indefinido del techo de la habitación.

—¿Y ahora qué, capitán? —se atrevió a preguntar Thomas, rompiendo la gélida atmosfera del ambiente.

—¡Todo se va a la mierda!, ¡así de simple! —exclamó Willy saliendo de su trance.

—¡Joder, capitán! —exclamó Klaus.

—Eso digo yo. Cuando las cosas pueden salir mal, es que van a salir peor.

—¿Cuál cree que ha sido la causa del accidente?

—¿De qué nos sirve eso ahora?, ¡qué más da!, atentado o accidente, para el caso es lo mismo. Nosotros nos quedamos sin testigo. Si le han despachado, os aseguro que no habrán dejado ninguna prueba; será otro tanto de esos crímenes que quedan sin resolver.

—Pero tenemos su declaración escrita... y la grabación —objetó Walter.

—¡No seas ingenuo! —respondió Willy, hastiado—. Para mí, esta historia ha acabado; sólo deseo ya que la agonía sea lo más corta posible. Mañana nos veremos todos en el palacio de justicia (!)... para la capitulación.

El líder de la *Nemesisverein* estaba hundido. Después del intenso trabajo, de los riesgos, de las discusiones, de los conflictos psicológicos y de la inversión a fondo perdido que había tenido que hacer; el horno no estaba para bollos. Así que, despidiéndose uno a uno de sus camaradas, abandonó el despacho de Hofmann agradeciéndole todo lo que había hecho. Éste, que tampoco estaba para muchos trotes, no hizo ningún comentario.

Aquella noche, Willy no tenía ganas de ver a nadie. Como un autómata, se dirigió al hotel donde se alojaba en Dúseldorf, y pidió al conserje que sólo le pasara las llamadas de Ilse. Luego se acercó un rato al bar y se tomó dos lingotazos de whisky. "Es un buen vasodilatador, dicen que ayuda a relajarse", pensó, mientras se quedaba mirando fijamente el vaso y se acordaba de la canción *Little Brown Jug*. "Nada más indicado para estos momentos, ¡tú y yo!, ¡solos tú y yo! Vaya putada lo de Roland", continuó mortificándose. "Hemos sido demasiado optimistas y nos hemos lanzado a una aventura que nos superaba, jugando con demasiados riesgos y al final, claro está, ¡te quemas! ¿Por qué casi siempre los buenos son vencidos? ¡Qué alegría se va a llevar ese hijo de puta de Peckmann! Y las víctimas, ¡nada de nada! Son los eternos perdedores. Seguramente, ahora le harán político, con todos los honores, y con un prestigio creciente después de salir airoso de este asqueroso proceso".

Continuaba sumido en esos pensamientos derrotistas, cuando reparó en su hermana Erika que, después de entrar en el hotel, preguntar en recepción, y recorrer los diversos salones de la planta baja, había dado con el bar donde se encontraba su hermano. Automáticamente, el rostro envejecido y ojeroso de éste se iluminó.

—¡Erika!, ¡qué sorpresa!, no esperaba...

—¡Ven aquí que te abrace! —clamó ella—. ¡Ya sabes lo que te quiero! —añadió al darse perfecta cuenta del estado de postración en el que se encontraba su hermano.

—¡Eres igual que papá! ¡Sacas fuerzas de la flaqueza!—exclamó a su vez Willy, mientras la miraba fijamente con una sonrisa triste-. ¿Qué tal está mamá?

—Muy afectada. Por eso no ha querido venir. Hay que dejarla un poco al margen de estas cosas; ya sabes que ella es como una flor delicada y ya le hemos causado demasiados disgustos.

—Tú, sí que no te dejas vencer por la adversidad, como nuestro padre. Ahora eres su viva imagen. Yo, en cambio, estoy deseando tirar la toalla en este asunto. No tenía que haberme metido tan de lleno y encima he embarcado a muchas personas, que no sé lo que pensarán ahora. No se merecen este desenlace.

—No te preocupes tanto, Willy. Klaus me dio la noticia del accidente de Gross por teléfono. Luego hablé con Wolfgang. Está muy apenado y me ha pedido que te transmita su apoyo. Desde que he conocido la noticia, no he dejado de pensar en ti; así que he cogido el coche y me he venido. No quiero que hagas ninguna tontería, ¡te necesitamos tanto mamá y yo!

—Yo también os necesito, siempre os he necesitado; pero ahora me doy más cuenta. ¿Sabes una cosa, Erika?...

No se puede ser tan hombre en la vida.

—¿Qué quieres decir con eso?

—Que no se puede poner el listón tan alto; luego la torta que te pegas, ¡es de aúpa!

—Lo que no podemos hacer tampoco es quedarnos impasibles ante lo que ocurre a nuestro alrededor. Ya sabes que a mí, al principio, no me gustó la decisión que tomaste; pero luego lo pensé con más calma y me di cuenta de su gran valor. Willy, en realidad tienes que estar muy orgulloso de ti mismo por haber superado tantas dificultades. Además, cuando hay acciones que dependen de otros, el riesgo es mucho mayor. Ésa es la verdad, y ahora hay que aceptar el destino, aunque nos sea adverso. Es el único medio de superarlo, de no quedarnos atrapados por él. De todos modos, ¡no hay mal que por bien no venga! ¡Mira el lado positivo! Vas a salir muy fortalecido de estas experiencias.

—Sí, lo que no mata engorda, pero recuerda también que si no hay mal que cien años dure, tampoco hay cuerpo que lo resista. ¡En una de éstas no la cuento!

Al cabo de un rato, Willy empezó a sentirse mejor; la conversación con Erika y el lingotazo de whisky se habían aliado y actuado como bálsamo reconstituyente. A eso de la una de la mañana, tomó una habitación para su hermana, y después de darse las buenas noches, se retiraron a dormir. Nomás entró en su recámara, el teléfono sonó insistentemente.

—Herr Meinhof, tiene una llamada desde el aeropuerto, le paso —dijo el recepcionista con una voz metálica e impersonal, más propia de un robot que de un ser humano—. Al otro lado de la línea estaba Ilse, que acababa de aterrizar en Dúseldorf y ya se había enterado del *accidente* del testigo.

—Hola cariño, ¡cómo te he echado de menos!, pero hoy no podía ausentarme del trabajo, no me podía sustituir nadie.

—No te preocupes, ¡todo ha pasado ya!, y no quiero saber nada más de esta puta historia —le salió a Willy del alma.

—No seas tan pesimista, amor. Esta noche quiero estar contigo. Ahora mismo tomo un taxi y voy a tu hotel volando.

—Es lo mejor que me podía pasar, mi vida.

Esa noche Ilse y Willy se amaron desesperadamente. Al día siguiente, como dos personas que ya comparten un mismo destino, cogidos de la mano y casi sin cruzar palabra, se encaminaron junto a Erika hacia el palacio de Justicia de Dúseldorf. Allí, a las diez de la mañana, estaba previsto que se reanudara la sesión del juicio... con los peores augurios.

**

Roland Gross

Hacía meses que Roland Gross ya no trabajaba en el taller de fundición de la joyería *Tausendundeine Nacht* —Las Mil y Una Noches—. Había acabado discutiendo con el gerente, el señor Theodor Adler, con motivo de una petición de ascenso y subida de sueldo. Éste, como suele ser habitual en estos casos, le contó una *milonga*: no accedió a su demanda diciéndole que no tenía nada personal contra él, pero que en ese momento estaba pendiente una reestructuración de la compañía; que en el futuro se le iba a compensar y tener en cuenta; que estaban muy contentos; que su estilo le gustaba, y bla, bla, bla, bla... Después, la conversación se agrió y salió a relucir de todo. La consecuencia es que el señor Gross, previo sonoro portazo, desapareció para siempre de una empresa donde llevaba casi seis años trabajando, desde 1946 hasta mediados de 1951. ¿Pero quién iba a decirle a él, en ese momento, que su antigua actividad iba a proporcionarle en breve una pequeña fortuna?

A mediados de 1952, Roland continuaba en paro. Pronto agotaría las prestaciones a las que tenía derecho por el tiempo cotizado en la empresa y, en consecuencia, si nadie lo remediaba, se vería privado de lo que es más básico para subsistir en toda época: la plata.

Su vida hasta entonces no había sido precisamente un dechado de virtudes. A Roland le gustaba mucho la juerga y todo lo que llevaba aparejado: el juego, el alcohol, el tabaco, las mujeres... A estas aficiones ayudaba el hecho de que estuviera soltero y sin compromiso. Se había divorciado, o mejor dicho, le habían divorciado de su primera y única esposa, por *sevicias*, es decir por violencias cometidas en ella, además de incompatibilidad de caracteres e infidelidades reiteradas que también se tuvieron en cuenta al dictar sentencia. Además, tenía una hija declarada, que no quería saber nada de él y cuyo paradero desconocía.

Todavía era un hombre robusto y bien parecido, pero su ya permanente dedicación a las actividades nocturnas y a los vicios múltiples, dentro de una existencia carente de sólidas creencias, había empezado a deteriorar su mente y su cuerpo. Lo peor del caso es que Roland Gross no era consciente, o no quería ser consciente de lo que le estaba pasando, ni aceptaba ninguna ayuda para salir del pozo sin fondo en el que se hallaba metido. Había optado por lo más fácil, lo más carnal: disfrutar sin límites dándose a todas las pasiones... destruyéndose poco a poco. El sistema para lograrlo, con una situación económica donde los parcos emolumentos que percibía del Estado no llegaban ni al 20% de lo que gastaba, era uno también muy clásico y fructífero, al menos a corto plazo: el engaño.

Alto y delgado, Roland tenía figura de actor de cine. Su cara, de facciones simétricas, sus labios firmes y carnosos, su nariz recta, unas pequeñas orejas que parecían haber sido cinceladas por un ebanista y atornilladas graciosamente a su cabeza, y una barbilla prominente, remataban un conjunto que, aunque ya declinando, llamaba poderosamente la atención. El hecho de que su cabello empezara a tornarse blanco, le hacía aún más interesante. Una bella voz, unida a una labia fácil y a un carácter muy campechano, le convertían, de primeras, en una persona popular y que caía muy bien. Eso ocurría especialmente entre el pretendido sexo *débil*, al que a menudo atraen esos hombres viciosos que están de vuelta de todo, pero que en su decadencia son capaces, como don Juan, de seducir a la incauta de turno beneficiándose no sólo de su físico sino también de su hacienda.

A modo de cebo para las personas que todavía no le habían calado, decía que había actuado en el teatro, que había sido locutor de radio y que conocía o había conocido a tal o cual celebridad o personalidad ilustre. Acto seguido, contaba chistes y algunas historias picantes; pero eran sobre todo su apostura, su agradable tono de voz, y su natural simpatía, los atributos que encandilaban a una audiencia *todavía virgen*, que sentía por el señor Gross el más vivo interés. La costumbre de Roland era salir de copas en grupo. Por supuesto, él no pagaba ni un marco, pues era el centro de la atención, el *Showman*. De esta manera, a trancas y barrancas, alcanzaba a costearse parte de sus vicios. Pero era en sus *conquistas* donde Roland tenía su más feraz caladero.

En sus lides con el sexo femenino, el susodicho no se andaba con rositas. Su táctica de combate era deshacerse en halagos y detalles superficiales, que tanto gustan a las mujeres y que son capaces de torcer la voluntad de las más recalcitrantes. Luego, cuando había conseguido su botín, se emparejaba y exprimía al máximo su pertenencia hasta que ésta, dándose cuenta del engaño, no podía más y le abandonaba. Generalmente se trataba de mujeres solteras, separadas, divorciadas o viudas, no muy agraciadas física-mente y de entre 40 y 60 años de edad, que buscaban desesperadamente y por los más diversos motivos al *macho*, a un hombre que estuviera dispuesto a quererlas, a conso-larlas, a hacerlas sentirse mujeres, o por lo menos a aguantarlas a cambio de su atención y de su dinero, ya que ellas, en muchos casos, eran incapaces de soportarse a sí mismas. A Roland, cada pareja le duraba de 6 a 8 meses, pero icon qué facilidad era capaz de buscar y encontrar recambio!

A pesar de ello, no todo era para él *Carpe diem*; tam-bién le preocupaba el mañana, pues sabía que sus recursos y posibilidades iban a ir mermando con la edad, y también las de ser contratado por una empresa.

En esas estaba, cuando una mañana del mes de junio, mientras se reponía de los excesos de la noche anterior fumándose el segundo o tercer pitillo del día, en su piso de alquiler de un barrio de clase media de Duisburgo, sonó el teléfono. "Menos mal que no me han cortado todavía la línea —pensó—. ¿Será el casero?, ¿qué mentira le contaré hoy? Vamos a ver: el mes pasado le dije que tenía unos problemas puntuales que pronto solucionaría; hace dos semanas, que los problemas eran de solvencia pero no de liquidez; la semana pasada, que estaba de viaje en vista de un gran negocio y que en unos días, ya sin falta, cobraría... No sé... ahora le diré que tengo un familiar que ha tenido un accidente y está en urgencias en el hospital. Creo que será lo más adecuado".

Con su rico y variado repertorio de excusas, y su falta de escrúpulos, descolgó el teléfono enérgicamente:

—¡Dígame! —Al otro lado del hilo, pasaron unos segundos sin respuesta.

—¿Es usted el Señor Roland Gross que trabajaba en la empresa Las Mil y Una Noches?

—¿Quién es usted?, ¿cómo sabe eso de mí?

—¡No se ponga nervioso, hombre!, me llamo Jürgen y el motivo de mi llamada es proponerle un negocio sustancioso.

—¡Ah!, ¡bueno!, eso cambia las cosas. ¡Cuénteme!, ¡de qué se trata!

—Por teléfono es mejor que no. Podemos vernos en una cafetería del centro, muy concurrida, en la *Blumen und Lächeln* —Flores y risas—. Allí podré contarle, con pelos y señales, de qué se trata. ¿Sabe dónde está?

—Sí, ¿a qué hora?

—¡Cuanto antes mejor!, en hora y media. Se trata de un negocio que no admite demora; tengo que dar una respuesta rápida a mis clientes.

—Muy bien, y ¿cómo le voy a reconocer?

—Tendré en todo momento un periódico enrollado en la mano y me encontrará en el salón principal del establecimiento.

Dicho esto, Roland colgó el auricular y se quedó pasmado, tanto por lo extraño de la proposición como por su propia respuesta, rápida y firme, sin conocer siquiera a quien le estaba platicando al otro lado del cable telefónico. Pero sus circunstancias eran ¡tan extremas!, que no se lo pensó dos veces. Desayunó un café de recuelo, un trozo de pan duro con unas briznas de mermelada de ciruela y, por supuesto, lo que no podía faltar en su peculiar y depauperada dieta: su vaso de whisky mañanero, verdadero elixir iniciático que le devolvía a la vida en unos fogosos instantes. Luego se aseó, se vistió, y salió disparado como un galgo hacia el lugar del encuentro.

Blumen und Lächeln era una de la cafeterías más conocidas del centro de la ciudad, de esas que no pueden pasar inadvertidas, de las que concitan la curiosidad y la admiración de sus visitantes que no tardan en volver. En realidad era una especie de templo de la modernidad, donde a muchos artistas les gustaba reunirse en un ambiente libre y bohemio. Los grabados y las esculturas de desnudos griegos y romanos, los cuadros más provocadores y los frescos de los muros y techos, reflejaban una atmósfera ecléctica y decadente, que encandilaba a los contertulios y les permitía estar tranquilos sin molestarse unos a otros. Cada lado del gran salón tenía un nombre y una fila adosada de mesas y sillas. Los nombres elegidos coincidían con los principales temas de la poesía renacentista; aquellos con los que mucho antes, en la antigua Roma, Horacio había cautivado al gran Mecenas: *Carpe Diem, Beatus Ille, Locus amoenus y Tempus fugit.*

En ese ambiente relajado y acogedor, nada inducía a pensar que pudieran concertarse a veces los más sórdidos negocios. Las personas que allí acudían, como ocurre a menudo en Alemania, parecían estar confesándose más que hablando entre ellas, pues el rumor de las voces era apenas perceptible. A pesar de ello, Jürgen Cara Cortada, hombre muy receloso, esperó sentado en una de las mesas centrales y aisladas que reposaba sobre una reproducción a tamaño natural de un mosaico de Pompeya. No llevaba puesto su parche negro. Lo había sustituido por un ojo de cristal de la mejor calidad, y del mismo color que su álter ego, que el mafioso utilizaba para no llamar la atención en este tipo de encuentros. Roland localizó de inmediato al desconocido y se le acercó. Después de presentarse, se sentó frente a él:

—*Herr* Jürgen, ya puede usted decirme de qué se trata —le endilgó sin ningún miramiento.

—*Herr* Gross, le voy a ofrecer la oportunidad de enriquecerse a muy corto plazo. ¿Reconoce a este hombre? —le preguntó mientras sacaba de su cartera las fotos de dos recortes de periódico, aquellos que le habían entregado Klaus y Bukovsky en la primera entrevista.

—Me suena su cara, pero... no estoy muy seguro..., déjeme ver más de cerca, ¡Ah!, ¡sí!, ¡ahora recuerdo! A este hombre le conocí, allá por 1946.

—¿Recuerda los detalles?

—¿Adónde quiere ir a parar?

—Este hombre, Kurt Peckmann, va a ser procesado por unos hechos relacionados con lo que usted vio. Al parecer en esa época se pasó con ¡mucho!, ¡mucho oro!, por el taller de fundición donde usted trabajaba hasta hace poco.

—¿Cómo sabe eso? ¿Cómo me han localizado?

—No se irrite, y baje la voz —le ordenó enérgicamente—. Le puedo asegurar que tengo influencias y muchas fuentes de información en los más variados ambientes. Pero, vayamos al grano: las personas que van a denunciar a Peckmann necesitan un testigo que presenciara lo que pasó en 1946, cuando ese señor acudía a las instalaciones de la joyería. Por ese testimonio están dispuestos a pagar una suma considerable.

—¿De cuánto hablamos?

—Ya veo, señor Gross, que usted no se anda con chiquitas —le respondió Jürgen sonriendo malévolamente.

—No tengo por costumbre perder el tiempo, Señor Jürgen, así que suéltelo ya y acabemos cuanto antes.

—Se trata de 40.000 DM antes del juicio, y otros 40.000 DM después.

—Y en caso de aceptar su propuesta, ¿quién me garantiza que si todo sale mal, y se pierde el juicio, o incluso si lo ganan, voy a cobrar la pasta?

—Tiene mi garantía y le aseguro que soy solvente. Yo no quiero problemas con nadie, pero quien me busca, me encuentra, y quien me crea problemas, lo paga muy caro. Por eso quiero advertirle... que, si acepta... no hay marcha atrás. Usted iría a testificar y punto. Aquí se trata de hacer dinero y le estoy ofreciendo, nunca mejor dicho, una oportunidad de oro. —Roland, ya no podía contenerse más. Sin calibrar las consecuencias de sus actos, y cegado por la imagen de los 40.000 marcos contantes y sonantes, seguir haciéndose el duro estaba fuera de lugar. "Mi situación no me deja otra salida"—pensó.

—¡Acepto!

—Muy bien, *Herr* Gross, pero antes de cerrar el trato es preciso que me cuente, con todo lujo de detalles, qué es lo que usted presenció. Comprenda que yo me juego mucho en esto y, antes de comprar, he de ver la calidad de la mercancía. —Roland le relató detalladamente lo que pasó en el taller de fundición con Kurt Peckmann. Se acordaba muy bien, pues aquél había sido un cliente *muy especial*, de esos que no se te olvidan aunque hubiera pasado un lustro. A Cara Cortada le satisfizo el relato, que confirmaba las sospechas de los que habían solicitado sus *servicios*. En conclusión: sellaron el trato.

—A partir de ahora, no deberá comentar a nadie lo que hemos platicado hoy aquí, ¿me entiende?... Esperará a que nos pongamos en contacto con usted y reciba instrucciones.

Así acabó su primer encuentro con Cara Cortada. Cuando salió del local, se desató una tormenta inesperada y el agraciado por la lotería volvió a casa empapado como una sopa, pero *bailando bajo la lluvia.* "¡40.000 DM! —pensó eufórico—, es más de lo que gano en un año y medio en la empresa. Y luego, ¡otros cuarenta mil!". No se lo podía creer.

En las semanas siguientes al ofrecimiento del mafioso, Roland estuvo muy pendiente del teléfono e incluso, privándose de algunos vicios, fue capaz de ponerse al día con la compañía telefónica. Al resignado casero, un hombre mayor, bueno, y muy comprensivo, le continuó mintiendo y convenciendo, pues su repertorio inagotable de excusas y su maestría en la exposición eran notorios.

A finales de agosto, recibió la llamada tan esperada. El propio Jürgen se dirigía a él, anunciándole la fecha de cobro, es decir: el día en el que tenía que convencer a sus compradores, escribir y grabar una declaración de lo que había pasado en el taller de fundición, y comprometerse en firme a acudir como testigo al proceso penal que se entablase contra su antiguo cliente de las Mil y Una Noches.

El viernes cinco de septiembre, en la reunión programada, sólo hubo un detalle que le aguó un poco la fiesta; le aplicaron una pequeña rebaja en sus *honorarios*. A Roland no le hizo ninguna gracia pero: ¡o lo tomaba, o lo dejaba! Cuando vio, delante de sus ojos, los billetes nuevecitos, como manjares recién salidos del horno, no pudo sustraerse a su influjo. Así que contentísimo, aunque fingiendo cara de enfado y consternación, tomó los fajos y empezó a contar ávidamente, como Jürgen Cara Cortada lo había hecho minutos antes en una habitación contigua.

**

Los siguientes capítulos en la vida de Roland fueron muy intensos, tanto que a los 5 meses, en febrero de 1953, ya se había fundido toda la plata y seguía sin trabajo —claro que tampoco se había preocupado mucho de buscarlo—. Sus días, y sobre todo sus noches, empezaron entonces a ser infernales e interminables. —La falta de *gasolina* suele producir estos efectos perniciosos y angustiosos en muchas personas, incluso en aquellas más soberbias o que se creen muy fuertes y ajenas a los avatares de la vida—.

Pronto su resistencia fue mermando. "¿Qué hago ahora?", se preguntaba desesperado mientras agarraba con fuerza la almohada, su confesor, la fiel y discreta compañera en los momentos más aciagos. Su último amor le acababa de dejar, pues con buen criterio había decidido apartarse de la escena, viendo que con Roland sin un duro se avecinaba tormenta. Los cálculos que ahora obsesivamente hacía a todas horas, no le engañaban: salvo que robase o encontrase a una millonaria —misión harto difícil y muy fatigosa—, sólo le quedaban existencias para un mes. Luego, debería olvidarse del tren de vida dispendioso y placentero que había mantenido hasta ahora. En su mentalidad, la disyuntiva que se le presentaba era aterradora: o sumirse en una existencia mediocre, aburrida y anodina, si encontraba trabajo; o, en el peor de los casos,

162

caer en la mayor pobreza y pasar a depender de las instituciones de caridad.

Pero incluso a los más crápulas el destino a veces sonríe o parece sonreír. En enero de 1953, la prensa sensacionalista ya había anunciado a bombo y platillo la noticia del juicio que, previsto para el miércoles 15 de abril de 1953, iba a iniciarse contra el ex capitán de las SS Kurt Peckmann. La denuncia, presentada en octubre por algunos miembros de la *Nemesisverein*, se había filtrado, no sabemos cómo ni por qué (!), a los principales diarios y emisoras de radio. Entonces, Roland Gross aguzó el ingenio y se le ocurrió una jugada maestra. "Es de mí de quien va a depender sustancialmente el éxito o el fracaso del juicio. Si existiera una *razón de peso* para no acudir a testificar, podría tomarla en consideración—se dijo mientras reía sólo a carcajadas en el pequeño salón de su piso—. Por ejemplo, trescientos mil marcos, ¿o por qué no cuatrocientos mil? Con esos *argumentos*, podría reconsiderar mi testimonio, incluso devolver los 36.000 marcos que ya he cobrado y darle una prima a Jürgen, por las molestias. De esta manera saldría bien librado de todo esto".

En pocas palabras, estaba dispuesto a utilizar en el momento oportuno su información privilegiada para chantajear al acusado. A mediados del mes de marzo, cuando ya no podía aguantar más, se puso manos a la obra. Desde una cabina telefónica, llamó al denunciado. En casa de los Peckmann, la sirvienta que se había puesto al aparato tenía orden de anotar las llamadas, pero no de pasárselas al señor. Sin embargo, ante la potente voz que se oía en el auricular y su invocación a un asunto de la máxima urgencia, optó por transgredir la prohibición y avisar disculpándose al amo de la casa:

—¿Quién es usted? —inquirió Kurt, airado.

—No me conoce, pero le tiene cuenta no colgar el teléfono...

Soy el principal testigo contra usted, en el juicio que se va a iniciar dentro de unas semanas. Desearía que nos viésemos a solas... Es un asunto... digamos... muy delicado.

Peckmann, que no era ningún imbécil, se dio cuenta del *tema*:

—¿Cuándo podemos reunirnos? —preguntó el empresario con avidez.

—Mañana a las cuatro de la tarde, estaré tomando *Kafee Trinken* —la merienda— en el salón *Blumen und Lächeln.* ¿Lo conoce?

—Sí, he estado allí un par de veces. Pero ¿cómo le voy a identificar?

—No se preocupe, seré yo quien lo haga y no quiero ningún truco, nada de guardaespaldas ni de *amigos* que vigilen, ¿entendido?

—Sí, sí, por supuesto. —"Por supuesto que no... pensó Peckmann al colgar el teléfono. Después de la reunión haré que sigan a este individuo. Tengo que tener todo controlado..., por si acaso".

La reunión tuvo lugar, conforme estaba previsto, y Roland salió de ella muy satisfecho...

**

El sábado 18 de abril de 1953, Roland Gross se había levantado pletórico de energía. Su nueva conquista, Helga, le había llamado desde Sankt Märgen, un bello pueblo de la Selva Negra.

—Te estoy esperando con ansiedad, *Liebling* (querido). No te puedes imaginar qué bonitas son las colinas que circundan el hotel. ¡Cuánto estoy deseando que estés aquí conmigo! Te he preparado una *Swarzwaldtorte*

—tarta de la Selva Negra— y un *Zwiebelnkuchen* —pastel de cebollas—.

Roland no cabía en sí de gozo. Todo le estaba saliendo a pedir de boca:

—En seis horas estaré contigo y podremos pasar todo el fin de semana juntos. En cuanto llegue nos vamos a una *Weinstube* (taberna). Quiero que nos bebamos una botella del mejor vino blanco del Rin. Así, nos *entonaremos*..., y si quieres, el domingo podemos acercarnos a Estrasburgo, a la *Petite France*. Esto es sólo el principio, Helga. Dentro de unos días te voy a invitar a dar la vuelta al mundo en un maravilloso crucero. Cariño —concluyó eufórico—, tengo muchos planes para nosotros. ¡La vida me empieza a sonreír!

Al salir del inmueble donde vivía, dio una propina generosa a la portera cuya reacción fue quedarse de piedra, pues conocía las dificultades que atravesaba el buen señor, quien jamás había tenido un detalle con ella. Luego, le dijo que hasta el lunes no estaría de vuelta y se encaminó al garaje donde le esperaba su flamante Mercedes descapotable, último modelo. Pero antes se detuvo en una pastelería, para comprar bombones, y en una floristería, donde recogió un primoroso buqué de rosas, claveles y lilas, que había encargado la víspera. Finalmente, silbando alegremente, tomó su vehículo y partió como una flecha hacia la *Autobahn* —la autopista—, deseoso de encontrarse cuanto antes junto a su amada.

Después de cuatro horas de viaje, llegó al *Land* de Baden-Wurtemberg. Dos horas más y alcanzaría el acogedor y lujoso hotel donde Helga le estaba esperando. Al entrar en Waldkirchen, ya en la Selva Negra y en medio de un paisaje grandioso, la conducción se complicaba pues la carretera discurría por laderas muy escarpadas. Sólo quedan 14 kilómetros y Roland aprieta el acelerador, adelantando a todos los coches que dificultan su conducción vertiginosa. "¡Qué suerte tengo!, voy a hacer todo lo posible por conservar a Helga. Creo que realmente estoy enamorado. En cuanto a Cara Cortada, ya me las entenderé con él. Pero ¡qué se creían!, que por 36.000 marcos más iba a darles gusto. ¡Se acabaron las penurias económicas!, ¡que se busquen a otro testigo! Yo ya no quiero saber nada".

Mientras, ensimismado en sus pensamientos, sube la peligrosa carretera, las enérgicas notas de la Obertura Guillermo Tell de Rossini salen de la radio del coche amenizando la ascensión y haciendo que Roland se sienta muy fuerte. De pronto, a lo lejos, unos hombres le hacen signos para aminorar la marcha, más él no hace caso y no se detiene. Al dar la vuelta a una curva, la carretera está bloqueada. Roland conduce tan rápido que apenas tiene tiempo de ver de lo que se trata. Al no poder esquivar el obstáculo, frena bruscamente y pega un volantazo, pero a su derecha no hay nada... salvo el abismo. Como una lanza pesada, su coche se precipita por el vacío para clavarse al fondo de un barranco y prenderse fuego de inmediato.

**

Quinto día del juicio

El viernes 24 de abril, el juicio se reanudó en la gran sala del *Landsgericht* de Dúseldorf. Confirmando los peores augurios, el juez Schelner, a quien se había informado del accidente, lo puso en conocimiento de toda la audiencia. Hofmann, apenas repuesto de la impresión del día anterior, pidió la palabra con resignación:

—Señoría, lamentamos mucho el fallecimiento en accidente del señor Roland Gross. Su preocupación y empeño por venir a testificar eran tales que, hace unos meses, entregó a esta parte una declaración escrita y una cinta grabada con sus palabras. En este acto solicito que se admitan los dos documentos como prueba. En particular, Señoría, desearía que todos pudieran escuchar la grabación que dejó en nuestro poder.

Inmediatamente, el abogado entregó los documentos al ujier y los miembros del jurado se retiraron a deliberar, para leer el escrito y escuchar la grabación. A los 20 minutos estaban de vuelta en la gran sala. Schelner no tuvo más remedio que autorizar la petición de Hofmann y, a través de un magnetófono y unos altoparlantes, la cinta fue escuchada en medio de un gran silencio. Terminada la audición, el juez entregó una copia de la declaración escrita a los letrados y al ministerio fiscal. Schneider contraatacó de inmediato:

Señoría, ¿qué quiere que le diga? Por nuestra parte, nos oponemos a que se admitan estos objetos como medio de prueba. Los dos documentos pueden haber sido trucados. Además, no reúnen las mínimas garantías de autenticidad exigibles en estos casos. ¿Quién nos asegura que la declaración o la cinta no han sido redactadas o grabadas por persona distinta al difunto señor Gross?, ¿quién puede confirmarnos ahora que no han sido obtenidas bajo coacción o tortura? Lamentablemente, el testigo ya no está hoy con nosotros para ratificarse. Sólo se podría admitir con valor legal una declaración, escrita u oral, hecha ante una autoridad pública, ante un notario, y éste no es el caso. Reiteramos por tanto nuestra oposición ¡más firme! a que se admitan estos objetos como instrumentos probatorios.

—¿Qué tiene que manifestar la fiscalía?

—Obviamente, no se trata de pruebas concluyentes. Son meros indicios que no tienen carácter decisorio si no se acompañan de otros elementos, si no se consideran conjuntamente con otros medios de prueba. En conclusión, este ministerio no se opone a que se puedan incorporar al sumario como objetos valorables y complementarios, sin que por sí solos constituyan elementos de prueba en el sentido propio de la palabra. En todo caso, su validez deberá ser dictaminada por los expertos forenses.

—¿Señor Hofmann?

—Nosotros consideramos que estas declaraciones, ambas en el mismo sentido, constituyen una confirmación clara y diáfana de nuestra tesis y, en definitiva, de la culpabilidad de acusado. Todos ustedes han tenido la oportunidad de escuchar la grabación. La declaración escrita dice lo mismo. La intención del testigo no podía ser más sólida al utilizar, no uno, sino dos medios de expresión. Por otro lado, si ambos elementos de prueba hubieran sido obtenidos mediante coacción o tortura, el señor Roland Gross habría presentado una denuncia ante la policía o hubiera dejado algún documento desdiciéndose de sus afirmaciones. No lo hizo, porque son verdaderas. Roland decidió, libremente, anticiparse a su propio testimonio ante este tribunal, ¡para asegurarlo!, en caso de que algo le ocurriera.

”En resumidas cuentas, Señoría, esta parte solicita la admisión de las dos declaraciones como medios de prueba. Adicionalmente y para dictaminar sobre su autenticidad, solicitamos el concurso de un perito elegido por sorteo que realice un análisis caligráfico por cotejo con otros escritos del señor Roland Gross. Pedimos asimismo la comparecencia en estrados de la portera del inmueble donde vivía el fallecido, de su marido, y de las personas que han identificado el cadáver en la morgue, para que manifiesten si reconocen la voz que se escucha en la grabación.

Después de recibir las opiniones de los contendientes, el juez Schelner, a regañadientes, se acogió a la doctrina del ministerio público y estimó la admisión de los dos objetos como mero indicio no concluyente, así como la realización de las pruebas periciales.

Sexto día del juicio

El lunes 4 de mayo, el juicio prosiguió con la exposición del perito caligráfico. Su resultado fue un tanto ambiguo y dejó en sus promotores una sensación más bien agria. Si bien, en opinión del profesional, la grafía de la declaración escrita se asemejaba a la utilizada habitualmente por Roland Gross, tampoco podía aseverarlo al cienpor cien, para gran regocijo de Schneider y de Peckmann: "Hay que ser siempre muy cautos —comentaba el perito en sus conclusiones—. Las mejores falsificaciones están a la orden del día y ello, en este caso, tampoco es descartable".

La audición de la grabación tampoco arrojó un resultado contundente. La portera del inmueble, demasiado prudente o quizás convencida (!) en el camino, no estaba muy segura. Decía que encontraba rara la voz que salía del magnetofón, y que no podía poner la mano en el fuego sobre su atribución al señor Roland Gross. Su marido, que no paraba mucho en la portería, idem de lienzo. Los familiares del muerto, concretamente, su madre y una hermana que desde hacía años no sabían nada de él y se habían enterado del accidente por la prensa, sólo dijeron que sí... que esa voz se parecía a la de Roland... pero nada más.

Frustrado y desesperado, Hofmann había quemado sus últimos cartuchos. Si Dios no lo remediaba, las expectativas de la acusación se tornaban sombrías. Concluida la fase probatoria, el juez Schelner decretó un breve receso y anunció que el juicio entraba ya en fase de conclusiones.

A las once de la mañana, se reanudó la sesión, exponiendo los dos letrados y el ministerio fiscal sus conclusiones finales. El primero en intervenir fue Hofmann. En su alocución, aun a sabiendas de que su barco hacía aguas, trató de obtener el favor de los seis miembros no profesionales del jurado —pues todavía albergaba alguna esperanza

169

de dar un vuelco a la situación—. Para ello, puso el acento en las, a su juicio, claras pruebas de culpabilidad del acusado y, partiendo de esa hipótesis, en la coherencia de los hechos acontecidos desde 1943, los cuales habían conducido a la gran riqueza de Peckmann. A pesar de los persistentes intentos orquestados por la defensa para desviar el juicio y poner en cuestión a los testigos, desacreditándolos personalmente, el acusado merecía ser castigado por unos crímenes tan repugnantes. Las pruebas presentadas se debían valorar en su conjunto, y todo conducía a la culpabilidad del acusado.

En su turno de exposición, el fiscal Julius Schmitt declaró que se había ido convenciendo, poco a poco, de la culpabilidad del acusado. Sin embargo, las pruebas no eran concluyentes, así que, con muy mal sabor de boca, no tuvo más remedio que solicitar del jurado que declarase al acusado inocente de los delitos por los que había sido procesado.

Finalmente, Schneider, avezado esgrimista del foro y dotado de una acreditada sangre fría, contuvo su entusiasmo y midió sus palabras. Construyó una alocución técnica, dentro de un brillante discurso. Insistió en el carácter tan endeble de los principios de prueba que había presentado la acusación. A su juicio, lo que se había demostrado es que todo era un vil montaje, promovido por enemistad y envidia hacia el acusado, dada su antigua pertenencia a las SS, su éxito profesional, y su conducta humanista cuando se produjeron los hechos. Ninguna de las pruebas presentadas era consistente ni resistía el mínimo análisis jurídico. En resumidas cuentas, al no quedar probadas las acusaciones de que había sido objeto el señor Peckmann, como no podía ser de otra manera, pues no era culpable, pidió la absolución de su defendido.

Después de las tres intervenciones, Schelner tomó la palabra y, satisfecho, con voz de tenor alto, casi de *castratti*, clausuró la sesión: "Formuladas las conclusiones por los señores letrados de la acusación, de la defensa y por el ministerio fiscal, declaro el juicio visto para sentencia. En breve, el jurado se reunirá para deliberar y, salvo circunstancias extraordinarias, el proceso concluirá el viernes 8 de mayo próximo, a las nueve de la mañana, dándose lectura pública al veredicto". Levantada la sesión, los miembros del tribunal decidieron, a puerta cerrada y por consenso, que el miércoles 6 de mayo se reunirían para debatir y acordar sobre el fallo. Schelner, por fin, respiró tranquilo.

El proceso estaba llegando a su fin y ahora sólo faltaba que el jurado le diese un *empujoncito*. Después, todo se habría acabado para mayor gloria del magistrado, cuyo nombre estaba en boca del público, debido a la gran difusión que la radio y la prensa habían dado al juicio. El espectáculo estaba servido: a la admiración de unos pocos, y las felicitaciones hipócritas de otros muchos de sus compañeros, se unían los desplantes, las salidas de tono, la manipulación, y el histrionismo del magistrado, actitudes que a veces hacían dudar de su cordura, pero que nadie se atrevía a denunciar.

En efecto, las actuaciones del antaño abogado en el Volksgericht—el tribunal popular nazi— no se limitaban al recinto judicial. sus salidas por la puerta principal del palacio de justicia y sus *atléticas* bajadas por la escalinata del edificio, que llamaban la atención de los periodistas, eran de antología: deliberadamente, como si de un baile se tratase y con unas poses muy ensayadas, aceleraba el paso y descendía por los escalones del Landsgericht, rítmica y vistosamente, alzando un poco las piernas y con una ejecución de *staccato*, no sabemos si para dar sensación de dinamismo o evitar el acoso de la prensa.

Lo cierto es que había creado escuela entre los jueces más noveles y más imbéciles. Ahora, como en un ballet operístico donde Schelner fuese la primera figura, también ellos bajaban la escalinata del edificio al compás de dos o tres por cuatro, con movimiento *allegro grazioso o vivace*, ondeando la cabellera al *vento,* imitando los pasos de su modelo y su forma llamativa de vestir, y portando, como hacía él para realzarse más si cabe, una elegante cartera de cuero negro grande y reluciente. Pero lo que la gente no podía imaginar es lo que ésta contenía usualmente. ¡Oh, ironías del destino y afrenta a la Justicia! En su maletín llevaba su caja de puros habanos, unos bocadillos de salchichas o unos emparedados de *Leberwurst* —embutido de hígado—, y una porción de *Apfelkuchen* —tarta de manzana— o de *Rosinenkuchen* —tarta de uvas pasas—, que le tenía preparada, todos los días, la coqueta empleada de una pastelería cercana al Tribunal, por supuesto, sin cobrarle ni un *Pfennig*.

En el fondo, lo que le gustaba a Otto de manera enfermiza, dentro y fuera del juicio, era estar en boca de todos, ser el protagonista de los acontecimientos, el actor principal de su obra teatral. Si tenía que desconcertar, soliviantar o intimidar a los que tenían la desgracia de relacionarse con él, lo hacía con gusto. A él, al igual que a un psicópata, le importaba un pimiento el efecto que su comportamiento pudiera causar en los seres más sensibles o en las mentes débiles y manipulables, no acostumbradas a tratar con las autoridades forenses y toda su parafernalia. Lo que no quería el magistrado, bajo ningún concepto, era ser y estar como un oscuro pero honrado y humilde juez, respetuoso con el Derecho y riguroso en las formas. Eso, para él, no tenía ninguna gracia, ¡era un aburrimiento!, y no era suficiente para satisfacer su ego desmedido, su ambición de poder y notoriedad.

Por ello, cuando el lunes 4 de mayo, el juez abandonó el palacio de justicia de Dúseldorf, después de dar las últimas instrucciones y tener embridado el proceso hacia su recta final, su salida por la puerta principal no fue la del presidente de un tribunal, sino la de un auriga romano colmado de privilegios y honores, tras salir victorioso del Circo Máximo, o la de un primerísimo actor de Hollywood, premiado en la Bienal de Venecia o en el Festival de Cine de Cannes. Asediado por periodistas devoradores de noticias, locutores de radio ávidos de entrevistarle, y reporteros que no paraban de disparar sus flashes, apenas contenidos por el cordón policial, Otto se sintió realizado, ¡muy realizado! Como un pavo real en época de celo, se lució, se exhibió, y sonrió ante la prensa mientras enseñaba sus puntiagudos dientes amarillentos y estiraba su fino cuello de ave rapaz. En su mente, lo que más importaba era la fama, la aclamación: "¡Total!, pensaba —no sin parte de razón—: ¿Quién lee las sentencias?, ¿a quién le interesan?, ¡si no comunican con claridad!, ¡si son de lo más aburridas!... ¡Un verdadero pestiño! Sólo importan a los jueces y a los letrados, a los procesados y, quizás, a unos cuantos juristas.

Los demás, la masa, lo que quiere son: ¡noticias!, ¡información manipulada!, '¡glamur!', ¡morbo!, ¡confidencias!, ¡venganza!, ¡evasión!, ¡sensaciones!, ¡belleza!, como si estuviesen asistiendo a una película del mejor cine negro, con el genial Charles Laughton sentenciando o defendiendo. Y ¿qué les ofrecen entonces los profesionales y los empresarios de los medios sensacionalistas? Sólo fotos y frases atrayentes, ocurrentes o chocantes, para los titulares, y entonces: ¡vender!, ¡vender!, vender más periódicos, más revistas, publicar más anuncios engañosos y sin sentido, conseguir más audiencia en la radio... Luego, seguramente, algún escritor o periodista escribirá un libro insustancial, de esos que son flor de un día, que no aportan nada, que en muy poco tiempo se diluyen como azucarillo en el agua no dejando rastro de su existencia; pero que, en el momento oportuno, se han convertido en un objeto de máximo consumo, comprado y devorado, cual sabroso manjar, por miles y miles de personas".

Frente a la nueva estrella mediática, el contraste con los miembros de la *Nemesisverein* era abismal. La tarde del lunes 4 de mayo de 1953 se había tornado para ellos, en la antesala sombría de una tragedia que estaba a punto de alcanzar su clímax final. Al abandonar el palacio de justicia, tristes y abatidos, no quisieron hacer ninguna declaración, ni a la prensa, ni a la radio. Los ánimos no daban para más.

***

Deliberación

Durante las sesiones de deliberación, dos días antes de la conclusión del proceso penal, el juez Schelner insistió mucho en la prevalencia de los argumentos técnicos sobre cualquier otra consideración. Cuando los hechos no habían sido claramente acreditados, como era el caso, el presidente del tribunal se deleitaba explicando a los demás miembros del jurado que una condena penal no podía basarse únicamente en pruebas indirectas. Les decía que la apreciación conjunta de la prueba debía fundamentarse en elementos sólidos, no en meros indicios, ni mucho menos en intuiciones, sensaciones o sentimientos de simpatía o antipatía hacia el acusado:

¿Estaba demostrado que Peckmann hubiera llegado a un acuerdo con los rusos para apoderarse del oro y atacar la posición de la Compañía 150, traicionando él a su propio ejército? ¡No! Nadie lo había presenciado. Simplemente, unos testigos relataban el supuesto contenido de una conversación, no escuchada por ellos, entre Peckmann y el coronel Vasiliev, que les había sido transmitida por alguien que decía haberla escuchado, y que, además, era el único de la compañía que comprendía el ruso.

¿Había sobrevivido el testigo directo de la conversación para relatar al jurado lo que había oído? ¡No! Había muerto en un campo de prisioneros de Rusia y no había dejado nada escrito.

¿Se había probado que Peckmann poseyera lingotes de oro procedentes del expolio de los judíos ucranianos, y que los hubiera llevado a un taller de fundición para transformarlos en otros de menor tamaño? ¡No! Lo único que constaba en autos era una grabación y una declaración que, al parecer, procedían de uno de los empleados de la joyería que ya no podía ratificarse en ellas al haber fallecido, y cuya autenticidad y validez podía ponerse en duda, al no ser realizadas en presencia de una autoridad pública e ignorarse cómo habían sido obtenidas.

¿Se había demostrado que el enriquecimiento de Peckmann era debido a la posesión de ese oro? La respuesta caía por su propio peso, pues no demostrándose que el acusado estuviera en posesión del oro; su financiación, entonces, podría proceder de otras fuentes.

Para Schelner el tema estaba claro y, en sus conclusiones frente a los demás miembros del jurado, fue tajante: "Con estas pruebas indirectas y tan endebles, con estos mimbres, no se puede condenar al acusado. La sentencia que dictásemos sería inmediatamente recurrida y la impugnación prosperaría casi con un 90 % de probabilidades. La Justicia no tiene otro modo de actuar. Si la prueba no es suficiente, aunque algunos de ustedes tengan la sensación de que Peckmann es culpable, no se puede obtener un veredicto de culpabilidad. ¡Esa es la Ley!".

La declaración del juez, que utilizó su habitual tono despectivo, fue muy dolorosa para algunos miembros del jurado, sobre todo para los más ideologizados, sensibles, o ignorantes del procedimiento y del funcionamiento del *aparato judicial*, sintiéndose legítimamente indignados:

"¿Pero no perseguimos aquí la justicia? —se preguntó en voz alta uno de los jurados, carpintero de profesión—. Yo soy muy intuitivo y desde el primer momento que vi y escuché al acusado, al presunto culpable, como dicen ustedes; me di cuenta de que tenía muchos boletos para la rifa de la cárcel y en otros tiempos, no muy lejanos, para el pelotón de fusilamiento, la horca o la guillotina. Ha hecho ¡puro teatro!, durante todo este tiempo, y no digamos su abogado, el tal Schneider. ¡Ése se ha llevado la palma!" — Luego, lleno de amargura continuó:

"Es que todo encaja: el tiempo que tarda en volver a la granja, ¡casi ocho horas! Cuando, como mucho, necesitaba tres horas para ir y volver de su cuartel general. Yo no me creo las monsergas que ha contado sobre la huida del prisionero ruso, sus escaramuzas con el enemigo, o su actitud piadosa (!) con las tumbas del *soldado desconocido*. ¡Sólo tenemos su palabra y unos tiros en la moto!, ¿qué hizo en realidad durante las cinco horas que quedan en blanco?, ¿se dedicó a recolectar margaritas, se puso a meditar sobre el sexo de los ángeles, o en realidad pactó con los rusos?

Además están la avería inexplicable de la radioemisora, que parecía como si la hubieran pisoteado, y su actitud derrotista ante el enemigo, muy sospechosa e impropia de un oficial. Casi con toda seguridad, lo hizo para cumplir con parte de su trato con los rusos: facilitar el robo del oro ganando tiempo antes de que lo rescatara la Wehrmacht. ¡Por favor!, ¡señores!, un ex miembro de las SS que declara que, en aquel entonces, le movían sus convicciones cristianas, pero ¡no me hagan reír!, ¡es inaudito! Por otro lado está su boyante empresa, que no se justifica suficientemente con la documentación que ha aportado, ni con su testigo, o mejor dicho, con su *amigo financiero*. Por si fuera poco, ¡mira por donde!, el testigo más importante del proceso, el señor Roland Gross, desaparece y luego nos enteramos que ha sufrido un accidente, por cierto, ¡qué casualidad!, unos días antes de su comparecencia ante nosotros".

La verdad es que la espontaneidad de la intervención, en los términos vehementes pero claros con los que se había expresado el carpintero, y su análisis descarnadamente certero de los hechos, vapuleó las conciencias de todos los miembros del jurado, incluso de los profesionales, pero no del juez Schelner.

Otro jurado, de profesión agricultor y con un criterio más político, tampoco veía con buenos ojos que los crímenes de Peckmann quedaran impunes: "¿Para esto hemos recuperado la Democracia en Alemania?, ¿para que un militar corrupto, que ha traicionado a su propio ejército y se ha apropiado de un oro bañado en sangre y fruto del crimen, continúe disfrutando de su robo el resto de su vida?", preguntó indignado y continuó: "A mí no me van a ver en otra de éstas; si la *Justicia* es así, me niego a participar en esta farsa".

Un tercer miembro, empleado del servicio postal, fue también muy tajante en sus conclusiones: "¡*Aber dieser Kerl*! — ¡Pero este tío!—, ¿de dónde ha sacado el dinero para levantar una empresa constructora de ese calibre? A mí, su testigo no me ha convencido; aunque haya jurado y perjurado. Los balances de la compañía son impresionantes y los préstamos de su socio, Werner Moritz, no me convencen. Por otro lado, han tratado de poner en entredicho la salud mental de Hans, pero lo único que ha quedado claro es que este soldado era juicioso y muy querido por sus compañeros. No tenía nada de visionario ni de loco. En cuanto a Bukovsky y sus tendencias, a mí, personalmente, Schneider no me ha convencido, y sigo pensando que ese señor es un testigo fiable a pesar de su reacción... No sé..., pero yo considero que Peckmann no es inocente".

Sin embargo, a pesar de todas estas consideraciones, Schelner y los miembros profesionales del jurado se mantuvieron firmes en sus razonamientos. Sólo el vicepresidente del tribunal, el juez Günter Heinzmann, expresó ciertas dudas éticas, pero no legales. Dirigiéndose a los tres miembros no profesionales del jurado que ya habían manifestado su opinión, se sinceró: "No se pueden imaginar lo que les comprendo. Es más, en el fondo, comparto su opinión, pero en un Estado de Derecho nos debemos a la Ley, a la Seguridad Jurídica, y a la Presunción de Inocencia, que sólo puede destruirse con unas pruebas directas y concluyentes.

En consecuencia, no tengo más remedio que compartir las argumentaciones del presidente Schelner".

Al oír las palabras *presidente Schelner*, éste, encantado, sonrió a todos los presentes e hizo una leve inclinación de cabeza.

"Con meras presunciones e hipótesis inciertas, no se puede condenar. Sí, señores del jurado —concluyó Heinzmann—, se lo digo con todo el dolor de mi corazón, no tenemos más remedio que desestimar la acusación y absolver al acusado de los crímenes que se le imputan".

Uno de los otros dos jurados profesionales, con espíritu matemático, fue todavía más claro: "Todos los argumentos sentimentales son muy respetables, pero al final hay que aplicar la lógica. Si la Ley y la Jurisprudencia han sentado la doctrina de que con pruebas indirectas y circunstanciales, es decir con dudas razonables, no se puede condenar a un acusado; en este caso concreto, al no haber pruebas determinantes, no podemos condenar a Peckmann".

Pero incluso entre los otros 3 miembros no profesionales del Jurado que todavía no habían intervenido, había quienes apoyaban claramente la inocencia del SS. El primero de estos se dedicaba a la hostelería y era dueño de un gran restaurante:

—A mí lo que me parece es que hay una gran hostilidad de los testigos contra el señor Peckmann. Están cargados de prejuicios y de odio; así no se les puede creer. Fíjense en ése que se llama Kulosky o kubosky.

— ¡Albert Bukovsky! —le corrigió Heinzmann.

— ¡Cállese!, deje que le llame como quiera —le reconvino Schelner, disfrutando con su exabrupto y deleitándose en la humillación de su segundo de a bordo en el tribunal—. ¡Aquí no estamos en sala y el nombre es lo de menos!

—Por otro lado —continuó el hostelero—, no parece que el tal Hans estuviera en todo momento en su sano juicio; también pudo inventarse intencionadamente la historia y luego contársela al capitán y a los demás. Era el único que sabía ruso en la compañía. Tengan en cuenta que Hans era medio eslavo y no precisamente un admirador de los SS. Después de lo que le estaban haciendo al país y a los compatriotas de su madre; pudo actuar movido por un deseo irrefrenable de venganza, convirtiendo a los SS en el símbolo de todos los males. Si a ello añadimos la animadversión mayoritaria contra ese cuerpo, como se desprende de los testimonios, los que escucharon su relato no habrían tenido ningún problema para creérselo a pies juntillas.

"A mayor abundamiento —añadió—, la presunta grabación del señor Gross no ha sido ratificada. Únicamente podemos considerarla como un indicio, nada más. Según el perito, sólo hay un 60% de probabilidades de que corresponda al testigo. Pero, un 60%... no es un 100%. Y si efectivamente es de él, ¿cómo la han conseguido?, ¿acaso saben ustedes lo que habría testificado el señor Gross de estar vivo?, ¿no se habrá utilizado violencia o intimidación para conseguirla?, ¿no habrá sido, pura y simplemente, comprada, siendo falsa?

"Por lo que respecta a la declaración escrita: el perito caligráfico ha concluido al 90% que el escrito pertenece a Gross. Pero, de nuevo, el 90% no es el 100%. Además, aquí cabría plantearse las mismas preguntas que en el caso de la grabación. Señores, es inevitable reconocer que no estamos en presencia de pruebas determinantes, ¡se mire por donde se mire!

"A mí —concluyó con voz cavernosa y potente, y la actitud arrogante de un exitoso empresario—, todo esto me parece un montaje fruto de la envidia que los denunciantes y sus acólitos le tienen a Kurt Peckmann, que actuó tan cristianamente y que, además, es un miembro muy destacado y altruista de la comunidad de Duisburgo.

El segundo miembro no profesional del jurado, que se inclinaba también por la inocencia de Peckmann, no debía de tener la conciencia muy tranquila. Se trataba de un trabajador de la cadena de montaje de una conocida fábrica de automóviles, cuya cifra de negocios aumentaba mes a mes considerablemente. Pertenecía a uno de los más potentes sindicatos del *Land*, donde ocupaba un puesto destacado, y parecía que lo único que le preocupaba era que no pudieran proliferar acusaciones de este tipo:

—Es intolerable que se puedan admitir denuncias de esta clase, basadas en meros relatos sobre unos hechos que, no lo olvidemos, se remontan a hace casi diez años, en pleno conflicto. ¿Cuántos crímenes mucho peores se cometieron en aquel entonces? ¿Se imaginan ustedes cuántas fortunas no investigadas se han creado a raíz de la guerra? Si no se absuelve a Peckmann, cundirá el ejemplo. Pronto, muchas empresas y fábricas tendrán que cerrar, porque ¡sólo Dios sabe cuál es el origen de su financiación!

—Está usted insinuando que la Justicia, cuando se comete un delito, ¿debe valorar primero contra quién se promueve la acción?, y si el imputado es una personalidad en el ámbito económico, ¿debe abstenerse de actuar? — preguntó el juez Heinzmann, escandalizado al escuchar los argumentos utilitaristas del sindicalista, absolutamente contrarios a su formación de demócrata, de jurista y sobre todo de hombre justo, defensor del imperio de la ley y de la igualdad ante ella. —Finalmente añadió, con pleno convencimiento—: Usted ha equivocado su profesión, debería dedicarse a la política. Allí, seguramente, muchos apoyarán su tesis por aquello de la *Razón de Estado*. Sí, tenga por seguro que en ese ámbito sus argumentos encantarían.

—No me malinterprete, señor juez —contraatacó el sindicalista, tan vapuleado por Heinzmann—, en circunstancias excepcionales, no se debe aplicar la Ley Común. Esas circunstancias se daban hace unos años en Alemania, y muchos se aprovecharon. Es mejor dejar las cosas como están. Yo comprendo el deseo de venganza de los miembros de la 150; pero todos cometimos errores en aquella época, y es mejor no abrir la caja de Pandora.

—Usted está pidiendo que perdamos la memoria de la Historia o que la cambiemos sin más. Eso conlleva un riesgo terrible: volver a repetirla —sentenció Heinzmann, a quien los argumentos del miembro no profesional del jurado le asustaban, por las consecuencias funestas a las que podía llevar su teoría de la justificación por hechos consumados.

Schelner, por su parte, seguía disfrutando de lo lindo al ver cómo los componentes del tribunal se enzarzaban en unas discusiones que consideraba estériles, mientras él, dando la partida por ganada, imaginaba ya la proyección mediática de su actuación. "En este caso —pensó—, me ganaré la fama de hombre respetuoso y riguroso en la aplicación de los principios que rigen el Estado de Derecho. ¡Qué frase más bonita!, tengo que anotarla antes de que se me olvide". Dicho y hecho, en medio de la reunión extrajo de su chaqueta un pequeño carnet de notas y la anotó. Heinzmann, que estaba a su lado, le observó y se extrañó ya que disponían de cuartillas encima de la mesa:

— ¿Ocurre algo, juez Schelner?

— ¡No!, Günter —le respondió utilizando su nombre de pila, como hacía a menudo con los demás, aunque no consentía que se dirigieran a él de la misma manera—. Estoy teniendo en cuenta los aspectos epistemológicos de la cuestión, ya sabe, procedimiento, procedimiento y procedimiento.

"Qué gilipollas —pensó Heinzmann—, no entiendo cómo el sistema permite que gente así ocupe estos cargos. Menos mal que estamos en democracia, si no, un tío de estos, en un *Volksgericht,* sería peligrosísimo".

El vicepresidente del tribunal, desconocedor del pasado nazi de su superior, ocultado al máximo como ocurría con el de muchos de sus compatriotas, había dado de lleno en el clavo. Se habría quedado de piedra si hubiera conocido, en ese momento, la activa participación de aquél en los tribunales del pueblo, el repugnante y vergonzoso procedimiento penal estrella del Nacionalsocialismo, así como su sometimiento, después de la guerra, al Comité de Control de los aliados y al proceso de depuración. En los tribunales alemanes de desnazificación, Otto Schelner tuvo mucha suerte, pues gracias a ciertos *testigos* e *influencias,* consiguió la calificación de *Mitläufer* —seguidor—, la más benévola de los cuatro grados con los que se clasificaba a los que habían apoyado activamente al régimen nacionalsocialista.

Pero en la reunión de deliberación, no habían acabado las sorpresas. Al último de los miembros no profesionales del jurado, le salió la vena mística. Fuera del tribunal, ejercía de predicador en una conocida asociación religiosa del *Land*. Estas organizaciones que, en muchos casos, sólo perseguían el enriquecimiento de un grupo muy reducido de sus miembros, estaban proliferando y, en muchas ocasiones, se aprovechaban de la desesperación, la angustia, o la indigencia mental de sus simpatizantes, llegando a convertirse en verdaderas sectas. El vacío dejado por el nacionalsocialismo había afectado a muchas mentes que aún tardarían largo tiempo en llenarse con los nuevos valores de democracia, respeto a la libertad, y a los derechos inviolables inherentes a la persona humana, contrarios a la ideología nacionalista, racista y totalitaria, imperante en la época de Hitler.

El predicador, ante la mirada sorprendida de los demás, pronunció las siguientes palabras: "Sólo Dios, el Supremo Hacedor, puede poner las cosas en su sitio. La justicia es un concepto metafísico, no es de este mundo. Si el acusado es culpable, y yo no soy quién para saberlo ni decidirlo, ya recibirá su castigo en el Más Allá. Ahora, sólo es posible rezar por las almas de los que murieron, y también por el sincero arrepentimiento y propósito de enmienda de los que causaron tanto dolor".

"¿De dónde habrá salido este *hermano*?, ¿dónde se cree que está?, y ¿qué pasa con las víctimas del delito?" —se preguntó el juez Heinzmann, al que no convencían las teorías buenistas, pensando que, en el fondo, sólo conducían a la claudicación del Estado de Derecho, al olvido de la Justicia y a la postergación del principio de responsabilidad individual, sustituido por la responsabilidad colectiva, es decir, por la impunidad.

Al juez Schelner, por el contrario, esta última intervención le encantó, pues las posturas más raras, más excéntricas y surrealistas, eran las que a él le gustaban; aquéllas que le producían el mayor placer. Aprovechando la confusión creada por las palabras del predicador, se dirigió a todo el jurado para poner término a la sesión de deliberación: "Ahora que ya hemos hablado todos, es preciso, sin perder más tiempo, proceder a la votación sobre la pertinencia de declarar o no culpable al acusado". Y así lo hizo el disciplinado jurado que, por cinco votos en contra, una abstención y tres votos a favor de la culpabilidad, decidió declarar a Kurt Peckmann inocente de todos los cargos.

***

184

Sesión solemne

Séptimo día del juicio

Por fin, el viernes 8 de mayo de 1953, el *gran día* había llegado. Desde luego, no en la mente de los promotores del proceso que, un tanto deprimidos y cabizbajos, ocupaban su lugar entre el público, sin hacerse demasiadas ilusiones sobre su resultado. Sin embargo, unos pocos, los menos pesimistas, todavía esperaban una sentencia favorable; algo que compensara todo el sufrimiento que el acusado les había causado a ellos y a sus familias. Por el contrario, los partidarios de Peckmann se mostraban sonrientes y optimistas. Éste era incapaz de disimular su satisfacción. Anticipaba el resultado muy previsible de la causa y ya estaba pensando en la futura etapa exitosa de su vida, llena también de deseos de venganza: "Estos locos impresentables me las van a pagar todas juntas —se decía a sí mismo—. Tenía que haber exigido a los rusos que acabaran con ellos, que no dejaran ni uno; pero ese maldito Alexey, con sus escrúpulos de la vieja escuela, lo impidió. Esto les servirá de lección para que no vuelvan a meter las narices en mis asuntos. En unos años, todo se habrá olvidado y esos *don nadie* arrastrarán sus miserables vidas por el fango de su mediocre existencia; mientras, yo y Leni, ¡triunfaremos en todos los campos!".

Para Otto Schelner, el día también era fantástico. Se quitaba un asunto farragoso que, en el fondo, había dejado de gustarle; aunque le hubiera granjeado mucha fama y permitido dar pábulo a sus mejores salidas de tono, a su instinto sádico, y a sus excentricidades con los letrados, sobre todo con los de la acusación, como era costumbre en él. Se sentía tan alegre y generoso que, antes de entrar en sala, ordenó servir un pequeño ágape a los miembros del jurado. La apertura de la sesión solemne, en la que se iba a dar lectura pública a la sentencia, tuvo lugar a las nueve de la mañana, en medio de la máxima expectación. Los próce-res, enfundados en sus togas forenses y tocados con los birretes reglamentarios, entraron en sala a través de una puerta de arco gótico que comunicaba el cuarto de delibe-raciones con el estrado. Éste se erigía ahora como un verdadero púlpito pagano, desde el que se iba a oficiar la ceremonia final de un sacrificio legal. En medio de un silencio sepulcral, los miembros del jurado fueron tomando asiento a la espera de la entrada solemne de su *primum inter pares*, del protagonista indiscutible del acto final, del que iba a dar al traste con las ansias de justicia de la *Nemesisverein*.

Para hacer la puesta en escena, todavía más teatral, el presidente del tribunal se hizo esperar unos minutos que se volvieron eternos. Finalmente, hizo su aparición, embutido en su uniforme negro y con la cabeza cubierta por un birrete escarlata que, excesivamente grande, le llegaba casi a la altura de los ojos. Había cambiado su corbata por una pajarita también roja, moteada de lunares negros, que no conseguía ocultar su largo y enjuto cuello. En su ojo iz-quierdo, lucía un brillante monóculo que, aun *demodé*, se ponía siempre para estas ocasiones, mostrando un aspecto pintoresco que a nadie podía pasar desapercibido.

Después de saludar displicentemente al jurado y al ministerio fiscal, e ignorar a los letrados, llenó el vaso de agua que tenía sobre la mesa y tomó un trago. Hizo como si se enjuagase la boca durante unos segundos, y tomo otro más, repitiendo el enjuague y haciendo luego unas pequeñas gárgaras, ante los ojos atónitos del público que no daba crédito a lo que veía. Acto seguido, cogió la servilleta, se secó los labios con parsimonia y la dobló cuidadosa y lentamente, como si se tratase de una valiosísima pieza de seda. Finalmente, carraspeó tres o cuatro veces, con su tim-bre metálico de tenor alto para que todo el mundo pudiera oírle. Y es que Schelner se regodeaba retrasando el inicio de su actuación estelar. Mientras tanto, los perio-distas presentes en la sala no perdían detalle de las escenas, aprovechando para dibujar al magistrado que por ello se sentía todavía más admirado.

Por fin, el momento crucial había llegado. Mostrando una sonrisa de oreja a oreja y asintiendo repetidamente con la cabeza, se incorporó y elevó sus largos brazos agitando al mismo tiempo las anchas mangas bordadas de su toga. Entonces, muchas personas del público se sobrecogieron. Les pareció ver que Schelner dejaba de ser el firme ejecutor de la justicia, para convertirse en un buitre negro, presto a lanzarse sobre su presa. La extraña metamorfosis se había operado de repente en la mente de muchos de los que iban a ver truncadas las pocas esperanzas que les quedaban de ver entre rejas a un criminal de la peor calaña. Por su parte, en esos momentos, el juez no pudo evitar acordarse de su pasado glorioso (!), como abogado del *Volksgericht* nacionalsocialista, cuando asistía con admiración al pronunciamiento de unas durísimas sentencias, que luego se hacían cumplir en plazos brevísimos y significaban a menudo la muerte del reo, guillotinado o ahorcado de la manera más cruel. Así estaba, a punto de iniciar el discurso pedante con el que habitualmente ponía término a los juicios que presidía, cuando un hombre menudo, insignificante, sentado en la primera fila del público, se incorporó de repente como impulsado por un resorte:

"¡Señor presidente, señores miembros del jurado!, ¡un momento, por favor!, ¡es preciso que me escuchen!".

La entrada en escena del desconocido y su interpelación a los jueces produjeron, de inmediato, el alboroto de toda la sala... y la lustrosa cara del autosuficiente Schelner palideció de golpe. Parecía como si una figura fantasmal o una criatura deforme de algún planeta lejano hubiera surgido ante él, aguándole toda la fiesta y rompiendo el decorado de lo que el juez, en el fondo, consideraba su *teatro de marionetas*. El estupor del momento, al hacerle levantar las cejas, provocó la brusca caída e inmersión de su monóculo dentro del vaso de agua que tenía delante de sí, salpicando al juez Günter Heinzmann. Éste estuvo a punto de partirse de risa y, sólo a duras penas, cubriéndose la cara con las manos, consiguió que nadie se percatase de ello.

— ¿Cómo se atreve a interrumpir al tribunal?, ¿quién es usted?, ¿qué pretende? —le increpó el atónito Schelner, con la cara desencajada. ¡Detengan a este hombre!, ¿a qué están esperando? —ordenó fuera de sí.

Lo cierto es que el presidente del tribunal estaba perdiendo los papeles, mientras el desconocido, por su parte, no cejaba en su empeño de declarar.

— ¡Quiero dirigirme a todos!, ¡quiero testificar!, ¡es muy importante! —insistía gritando y gesticulando con unos delgados brazos que parecía se iban a descoyuntar.

Al mismo tiempo, los miembros de la policía judicial, obedeciendo disciplinadamente el mandato recibido, acudieron prestos a detener al intruso. Por su parte, Hofmann, paralizado inicialmente por la impresión, se rehizo rápido y pensando que no tenía nada que perder, tomó la palabra:

— ¡Señoría!, ¡solicito un receso! Si lo que este señor tiene que decir es tan importante; el jurado, antes de decidir, debe oírle. No le puede usted detener por ello, ¡no ha cometido ningún delito! Juez Schelner, si impide la comparecencia del testigo —continuó amenazadoramente—, interpondré en el acto una demanda de habeas corpus y presentaré contra usted una denuncia por prevaricación y abuso de poder. ¡Aténgase a las consecuencias!

Desde el campo contrario, Schneider tampoco se quedó de brazos cruzados:

— ¡Señoría, la fase probatoria está ya cerrada!, ¡esto es una ilegalidad manifiesta! Este intruso no ha sido propuesto en la prueba. ¡No puede declarar! —No sin razón, el abogado de la defensa pensaba que con el proceso ya ganado un último testimonio de consecuencias imprevisibles era un riesgo innecesario. Había que evitar, a toda costa, que la iniciativa prosperara—. ¡Señoría! —exclamó en tono imperativo—, una infracción de tal magnitud ¡no puede admitirse!, ¡bajo ningún concepto!, ¿está usted dispuesto a cometer prevaricación?".

Finalmente, el fiscal Schmitt, cuya actitud en el juicio había cambiado claramente desde el *accidente* del testigo Roland Gross, tomó partido:

—En algunos casos, *Excelencia*, hay que ser muy prudentes en la administración de la justicia. Si este señor tiene algo interesante que decir, oigámosle antes de la decisión final. Usted tiene capacidad para proveer una diligencia final.

Pero, sobre todo, fueron las palabras del juez Heinzmann, susurradas al oído de su superior, las que determinaron la suspensión del juicio durante una hora para que el jurado deliberase. Éste, después de escuchar brevemente al testigo a puerta cerrada, y de las tormentosas discusiones que siguieron, no tuvo más remedio que dar su brazo a torcer e hizo prevalecer el fondo sobre las cuestiones de procedimiento. A ello ayudó el casi seguro planteamiento de una revisión del proceso, si no se autorizaba el testimonio. También influyó el riesgo de fuga del acusado, en caso de que siendo culpable fuese absuelto. En fin, para los miembros más humanos y altruistas del jurado, la propia supervivencia del confesante estaba en juego si no se le dejaba declarar ahora y se difería su comparecencia a una instancia posterior que sólo Dios sabe cuándo hubiera tenido lugar. En resumidas cuentas, la mayoría del jurado se decantó a favor de la comparecencia del testigo. Ésa fue, en especial, la actitud del juez Heinzmann aunque Schelner, con todas sus fuerzas, intentara convencerle de lo contrario.

De nuevo en sala y como si de repente hubiera envejecido veinte años, el presidente del tribunal ordenó, con voz apenas audible, la reanudación de la sesión anunciando la decisión tomada: "Excepcionalmente, este tribunal ha estimado la solicitud de la acusación y del ministerio público para que, antes de dictar sentencia, comparezca en estrados un nuevo testigo. Pueden llamar al señor Salomón Tauber".

Escoltado por dos guardias, desde el cuarto incomunicado de los testigos adonde había sido conducido después de declarar en privado ante el jurado, Salomón Tauber irrumpió en la estancia judicial causando gran conmoción entre un público que, sólo una hora antes, asistía eufórico o indignado a lo que pensaba iba a ser la conclusión del juicio. Pero sin duda alguna, los más afectados en este trance eran el acusado y su abogado. Sus caras reflejaban las emociones entrecruzadas de la ira y del miedo; pues no sabían nada del tal Tauber y, como fieras heridas y rabiosas, apenas podían disimular su rechazo visceral y frontal a la admisión *in extremis* de un testimonio no previsto, que podía dar al traste con sus aspiraciones. Por supuesto, lo primero que hizo Schneider fue reiterar sus airadas quejas al juez Schelner. Éste se había quedado ausente, sin reacción. Parecía un boxeador que, después de ir ganando claramente a los puntos, fuese noqueado en el último asalto, en el último momento; aunque todavía siguiera en pie como un autómata.

— ¡Esto es inaudito!, ¡nunca!, ¡nunca!, nunca he asistido a tamaña vulneración de los principios procesales — exclamaba el voluminoso abogado, expresando además la indignación con un cambio de color en su rostro—. Ahora, éste se asemejaba a un gran pimiento morrón rojo, que estuviese coronando un globo aerostático a punto de estallar, por estar demasiado lleno de aire caliente, ¡muy caliente!—. ¡La indefensión para mi representado es máxima! —añadió indignado—. Esta decisión tenía que haberse comunicado con antelación, antes de concluir el período de prueba. ¿A qué estamos jugando? Señores del jurado —prosiguió en tono amenazante—, ¡reconsideren su decisión!, ¡respeten las normas procesales! Si los acusadores quieren, pueden proponer su nueva prueba en un juicio de revisión; pero no en esta fase de un procedimiento ya concluso. Ello contraviene las más elementales normas del foro.

Ésta era la gota que faltaba para colmar el vaso, o mejor dicho, el cáliz de Schelner, que ya no podía más. Al concluir la protesta de Schneider, todos enmudecieron esperando la reacción del presidente del tribunal.

—¡Ahhhhhh!, ¡ay, ay, ay!, quiero decir que las circunstancias...¡oh!, ¡ah!... y se calló. Como un muñeco articulado de algún museo, cuyo motor se hubiera averiado, el presidente del tribunal no pudo acabar su intervención. En el teatro de marionetas había caído el telón; Schelner ya no podía seguir manejando los hilos a su antojo, y debía ser conducido urgentemente a restauración, para que le fuese aplicado un tratamiento de choque.

Pálido, mareado y ojeroso, se levantó del sillón presidencial, pidió disculpas a la audiencia, abandonó tambaleándose la sala, y fue sustituido en el acto por la segunda autoridad del tribunal, el juez Günter Heinzmann. Entonces, la mayoría de los miembros del jurado, el ministerio fiscal, el abogado Hofmann y una buena parte del público, respiraron aliviados y no pudieron evitar una sonrisa de satisfacción; disfrutaban viendo arrastrarse por el fango a quien tanto les había ignorado, despreciado y tocado las narices durante todo el proceso: "*Sic transit gloria mundi*", pensaron algunos. Otros: "A todo cerdo le llega su San Martín".

De inmediato, el juez Heinzmann, que como Dédalo volaba libre al haber huido por fin de su férrea prisión minoica, tomó las riendas del proceso dirigiéndose a la defensa con voz potente y firme:

—Nos hacemos cargo de su preocupación, señor Schneider, pero las circunstancias del caso, el carácter del testigo que se propone, el sagrado derecho a utilizar todos los medios de prueba sin que se produzca indefensión, y criterios de economía procesal, son razones que han hecho inclinarse a este jurado por la admisión del testimonio del señor Salomón Tauber... Les adelanto a todos, que esta decisión tiene carácter irrevocable —remató el magistrado mirando a todos con dureza.

Pero el abogado de la defensa, inasequible al desaliento, continuaba obsesionado con sus intentos de abortar la resolución del tribunal, consciente de estar quemando sus últimos cartuchos:

—Señor vicepresidente, ¡ni en la época de Hitler se había llegado a tanto! Ahora, estamos en un Estado de Derecho, usted no puede saltarse las normas procesales a la torera. ¡Le repito!: El período probatorio ya ha concluido. Cualquier admisión de una prueba en este momento es extemporánea y no puede ser admitida. ¡Pediré su inhabilitación! ¡No me deja otra salida!

Estas últimas palabras hicieron mella en una persona como Günter Heinzmann, normalmente ponderada y tranquila. Heinzmann había tenido que tragar y aguantar mucho para ocupar sucesivos puestos de responsabilidad en el *Landsgericht* de Dúseldorf. Ahora, un abogado, por muy brillante y famoso que fuera, no iba a dar al traste con su carrera judicial, máxime cuando él había actuado en conciencia y con el absoluto convencimiento de estar obrando correctamente. Durante todo el proceso, había sido escrupuloso con las normas. Incluso, en contra de sus convicciones, había votado a favor de la inocencia del acusado, porque las pruebas no habían sido concluyentes, es decir, por razones de fondo. ¡No se había probado y no se podía condenar! La situación ahora había exigido también que, sobre la forma, prevaleciese una nueva razón de fondo: una prueba de la importancia del testimonio de Salomón Tauber, que había sido escuchado a puerta cerrada por los miembros del jurado, no tenía más remedio que ser practicada, se pusiera como se pusiera el señor Schneider.

Había llegado el momento de poner a éste los puntos sobre las íes:

—Doctor Schneider, perdón, quiero decir señor Schneider, déjese ya de pedanterías y por favor, ¡no saque las cosas de quicio! Usted puede hacer lo que le venga en gana. Si quiere, puede dirigirse a nuestro canciller Konrad Adenauer. Le aseguro que le vamos a dar todo tipo de facilidades. Si la sentencia es desfavorable a sus intereses y considera que los derechos del acusado han sido vulnerados, ¡interponga un recurso de casación!, ¡plantee la impugnación en tiempo y forma!, pero, por favor, no hable de prevaricación o de inhabilitación, ¡no me haga reír! Esta resolución del tribunal no es injusta en el fondo, aunque pueda discutirse la forma.

"Por otra parte, le recuerdo que a lo largo del proceso, este jurado ha sido muy sensible a sus protestas y se han respetado escrupulosamente las garantías procesales. No venga ahora, si se me permite la expresión, *a tocar las narices* por un nuevo testimonio que en definitiva implica, pura y simplemente, ampliar el período probatorio sin menoscabo de los derechos de las partes. ¿Se le va a poner a usted algún impedimento si quiere interrogar o repreguntar al testigo? No. Incluso, si lo solicita, estoy dispuesto a suspender el juicio para que prepare adecuadamente sus repreguntas.

"Asimismo, quiero recordarle que este testigo no ha podido ser propuesto con anterioridad por la parte acusadora, ya que no lo conocía; no sabía nada de su existencia. Esto significa que al tratarse de un hecho nuevo, en un posterior juicio de revisión se admitiría como prueba. En conclusión, al final, *Herr* Schneider, el resultado va a ser el mismo y lo único que va a conseguir usted es que el testigo tenga que declarar más adelante.

"Es un principio sagrado de nuestro Derecho, y doctrina reiterada del *Bundesgerichthof* (el Tribunal Supremo de Alemania), que no se pueda limitar o excluir una prueba si, por razones de fuerza mayor o por tratarse de un hecho conocido con posterioridad, no pudo aportarse en el momento procesal oportuno. Letrado Schneider — continuó—, vaya por delante que nosotros somos humanos y podemos equivocarnos, pero en este caso hemos entendido, el tribunal ha entendido, que había que hacer una interpretación de las normas procesales atendiendo más a su espíritu y finalidad que a la propia literalidad, siempre que ello no conllevara merma alguna en los derechos de las partes.

"Yo, personalmente, asumo todas las responsabilidades que pudieran derivarse de esta decisión. Ahora, si nos lo permite, vamos a escuchar al testigo. Les reitero que después de mi interrogatorio, la acusación y la defensa pueden llevar a cabo los suyos, ¡con la máxima libertad!, siempre que se ciñan al objeto del proceso y no caigan en insultos o descalificaciones personales que no estoy dispuesto a admitir, ¡vengan de donde vengan! ¡Un poco más de humildad *Herr* Schneider! Y ahora, por favor, compórtese y ¡siéntese!

Las últimas palabras del juez Heinzmann constituyeron un antídoto suficiente para el venenoso Arthur que, envainándosela y echando humo por las orejas, no tuvo más remedio que sentarse y mirar al testigo con un odio intenso reflejado en sus ojos.

Pero la persona más alterada por los últimos acontecimientos era el encausado, que había pasado del mayor optimismo a sumirse en la más profunda desesperación. Esta transformación se hacía patente en su cara: todo un poema. La preocupación surcaba el atractivo rostro de Peckmann que, en menos de una hora, había pasado de manifestar la alegría propia del triunfo a convertirse en una máscara inamovible de sufrimiento y dolor.

Ahora, a duras penas, el acusado conseguía mantener la compostura frente a unos acontecimientos que se le estaban yendo de las manos, y que podían significar el final de todos sus sueños e ilusiones. Sólo unos días antes, Schneider le había comentado que una condena por presunciones, pruebas circunstanciales, indirectas o no confirmadas, era dificilísima. Con la aparición del nuevo e inesperado testigo, todo pendía de un hilo.

***

El peso de la conciencia

Salomón Tauber era un hombre bajito y delgado. Podría haber sido perfectamente un *Juan Nadie*, el prototipo de la gente corriente que de la noche a la mañana, como en la película de Frank Capra, alcanza las mayores cotas de popularidad. De pelo castaño, un poco rizado, frente despejada y cuidada barba, su nariz prominente y aguileña expresaba una sólida personalidad, pero lo que más destacaba en su cara de corazón eran unos ojos grandes, con una mirada melancólica y profunda, exenta de maldad, más propia de un niño que de una persona adulta que hubiera pasado por tantas calamidades.

Después del juramento de rigor, que el testigo había pedido que fuese sobre un rollo de la Torá, Salomón pidió la palabra y con la venia del juez empezó a desgranar un relato que en ningún momento fue interrumpido:

"Me llamo Salomón Tauber. Soy hebreo, dos de mis abuelos también lo eran. Eso, en los términos legales de las leyes racistas de Núremberg, significaba que yo era *Mischling 1. Grades* —mestizo de primer grado— gracias a que no pertenecía a la comunidad religiosa judía; si no, habría sido clasificado como judío. Con esa *clasificación* y al haberme casado en 1938 con una alemana aria —previa la correspondiente autorización—, aunque mi vida y hacienda no corrían peligro, me vi sometido a muchas vejaciones. Pero lo peor le ocurrió a mi padre. Todos sus abuelos eran judíos; así que estaba sentenciado. A él sí que le aplicaron de lleno las leyes racistas, y todo el horror que vino después.

Mi padre... era un gran patriota alemán y un valiente. Había combatido en la Gran Guerra, con otros 100.000 correligionarios. Allí destacó en todos los frentes en los que luchó, siendo condecorado y alcanzando el grado de capitán. Pero eso, se ve que no era suficiente para los nazis y para una gran parte de la población alemana, que hicieron oídos sordos a nuestro sufrimiento. También es verdad que algunos vecinos y amigos, muy pocos, siempre estuvieron a nuestro lado y yo se lo agradezco de corazón.

En Berlín, nosotros teníamos un pequeño negocio de joyería, que pronto fue presa de las hordas nazis. El procedimiento era señalar nuestra condición de judíos pintando la cruz de David sobre el escaparate de la tienda. Luego teníamos que aguantar las acciones humillantes de los SS, que nos insultaban; nos escupían; nos escarnecían; vigilaban al público que se acercaba a nuestra tienda; impedían que entrase y, también a veces, se llevaban el género sin pagarlo. Estos ladrones y criminales, pues no se les puede llamar de otra forma, se mofaban del trabajo al que durante varias generaciones mi familia se había dedicado con constancia, honradez, y éxito entre la población alemana, sin distinción de raza o religión.

Pero lo peor comenzó con la *Kristallnacht* —la Noche de los Cristales Rotos—, que tuvo lugar del 9 al 10 de noviembre de 1938, y en los días posteriores. Las aguas del antisemitismo, que hasta entonces estaban revueltas, se desbordaron en la antesala de lo que iba a ser después el Holocausto. A nosotros, nos destrozaron el establecimiento y entraron también en casa de mi padre, rompiendo todo lo que pudieron. Estas fechorías se produjeron ante la pasividad o la connivencia de la policía, y la ayuda de algunos de vecinos, que mi padre, muy entristecido, reconoció entre la muchedumbre que asaltó la casa. ¿Cómo podía haberse vuelto de pronto la gente tan salvaje?, ¿qué había pasado en las mentes de las personas? La alienación de gran parte del pueblo alemán por su querido (!) Hitler había resultado todo un logro, y donde antes tenías amigos o indiferentes, ahora tenías enemigos. Luego, el infausto proceso de arianización se aceleró y fuimos privados de nuestros medios de vida. A raíz de estos sucesos me vi obligado a cambiar mi identidad.

Mi nombre *cantaba*, ¿cómo se puede llamar *Salomón* un alemán que no sea judío? Así que, de cara a la galería, lo cambié por el de Klaus, un nombre nada sospechoso de pertenecer a esa raza maldita que, al parecer, junto a los gitanos, era la causante de todos los males de Alemania. Para mayor seguridad, cambié también mi apellido Tauber por *Müller*, uno muy común en Alemania y que no levantaría sospechas, y me agencié una documentación falsa que luego mantuve tras la guerra hasta que llegué a Israel

En 1942, la persecución de que fue objeto mi familia se intensificó. Detuvieron a mi padre y se lo llevaron cerca de Praga, al Gueto de *Teresienstadt*, del que ya no saldría. Como he podido averiguar después de la guerra, en ese lugar, que eufemísticamente llamaban residencia para judíos —Judensiedlung— mi padre murió consumido por el hambre, la enfermedad y la desesperación. A causa de esta detención, el pánico se apoderó de mí. Mi mujer, como ya he dicho antes, es alemana no judía, pero estábamos muy enamorados y se hizo cargo de la situación. Sobre todo era una buena persona, ¡es una buena persona!, y cada día la quiero más. Ante el cariz que estaban tomando las cosas, decidimos trasladarnos a un pueblo de la Baja Sajonia, cerca de la ciudad de Hannover. Allí, unos parientes de mi madre, que no era hebrea, nos acogieron y protegieron hasta el final de la guerra. Mi madre había fallecido en 1939, antes de estallar el conflicto. Quizás fue mejor así para que no viese tanto sufrimiento, y cómo los sicarios del régimen maltrataban y finalmente deportaban a mi padre, a quien ella adoraba, incautándose de prácticamente todos los bienes de la familia.

En el pueblo yo ayudaba en las faenas del campo, mientras mi esposa trabajaba en la cocina de una cervecería-restaurante situada a unos pocos kilómetros. En medio de aquella angustiosa situación, dos de mis tres hijos nacieron sanos y salvos, ¡loado sea el Señor!

Así transcurrió nuestra vida durante la guerra. Al acabar ésta, volvimos a Berlín. Nuestra casa había sido totalmente destruida por los bombardeos, así que decidimos alejarnos de esa ciudad, donde no quedaba ya nada ni nadie que pudiera retenernos. Además, la actividad económica era mínima. Al vivir unos primos míos en Duisburgo, nos encaminamos hacia allá. En esa urbe, aunque terriblemente bombardeada por los aliados, el ambiente y las posibilidades eran mejores. Los primeros meses permanecimos en la casa de mis familiares ayudando en lo que podíamos. Al conocerse mi condición de antiguo joyero, me llamaron de una empresa con sede en la ciudad, que se dedicaba a la fundición de lingotes de oro y a la fabricación de joyas. El establecimiento respondía al nombre de *Taisendundeine Nacht* —las Mil y Una Noches—. A pesar de mi experiencia en el ramo y que yo me tenía por un buen orfebre, me colocaron como operario en el taller de fundición. Pronto me gané la confianza del dueño de la empresa. Él era una buena persona y un hombre práctico; nunca había tenido nada contra los judíos y le gustaba mucho mi manera de trabajar.

Durante el mes de mayo de 1946, un tal Herbert Brunenwald se presentó en la administración de la compañía. El testigo fallecido, el señor Roland Gross, trabajaba conmigo en el taller, en turno de tarde, ya que por la mañana lo hacía como dependiente en las oficinas de la empresa, situadas en un lugar distinto, aunque dentro de la ciudad.

Desde allí, el señor Gross me transmitió por teléfono el encargo del nuevo cliente, para que lo tuviera todo preparado. Me dijo que había que fundir los lingotes de oro que nos trajera este señor y fabricar otros más pequeños, más manejables, y sin ninguna marca. Esto era fundamental en aquel entonces: para poder traficar con ellos dentro de Alemania y, eventualmente, poder sacarlos clandestinamente del país, con mucho menor riesgo de ser detectados.

Al día siguiente por la tarde, me parece recordar que era un martes, el cliente se presentó en el taller desde el que servíamos a varias joyerías. A Roland y a mí, la cantidad de oro que nos fue trayendo durante una semana, nos sorprendió mucho. Dudamos sobre si seguir adelante o dar cuenta a las fuerzas de ocupación inglesas. Finalmente, por miedo y por el estado de necesidad en el que nos encontrábamos, decidimos cumplir el encargo y fundir y reconvertir su oro.

La señal grabada en cada lingote era la esvástica. También figuraba muy nítidamente la palabra Kiev. El interesado permanecía con nosotros mientras realizábamos toda la operación. Esperaba a que los lingotes de cada remesa, ya sin ninguna marca, se enfriaran, y luego se los llevaba. No le quiso firmar nada a Roland; así que cuando fundimos el último lingote, vi cómo le entregaba un dinero y desaparecía de nuestras vidas, ¡hasta ahora!".

En ese momento Salomón Tauber giró su cabeza, y mirando fijamente, con desprecio y actitud desafiante, al antiguo capitán de las SS, concluyó su relato:

"El acusado, el señor Kurt Peckmann, sentado en el banquillo a mi izquierda, es el hombre que en mayo de 1946 se hacía pasar por Herbert Brunenwald, y vino al taller de fundición con sus lingotes de oro. Muchas gracias por su atención".

Así acabó la declaración de este pequeño gran hombre que, sin duda alguna, había dado un vuelco decisivo al proceso. Schneider y Peckmann quedaron lívidos, sin expresión, como si fuesen unos muertos vivientes que pronto hubieran de volver a la tumba. Por el contrario, todos los acusadores, y en particular el abogado Hofmann, expresaban en sus caras un júbilo contenido. Pero el juicio no había concluido y había que rematar la faena, o como se dice en el argot taurino, darle la puntilla. El juez Günter Heinzmann concedió la palabra a la acusación.

—Señor Tauber, después de su declaración tan sentida y llena de contenido, quisiera preguntarle: ¿Por qué no ha comparecido antes ante este Tribunal, conociendo la gravedad de los hechos?

—Para mí, ha sido muy penoso estar hoy aquí con ustedes. He tenido que sopesar largamente varias cuestiones. Yo, hace ya tres años que resido en *Eretz Israel* (la tierra de Israel). Desde la proclamación del Estado Judío, en 1948, mi deseo más ferviente había sido emigrar al nuevo país con mi familia. Allí tengo una vida normal, entre los míos, y ponerla en peligro no ha sido cosa fácil. Por otro lado, volver a Alemania significaba revivir hechos muy dolorosos, que ya tenía aparcados en el desván de la memoria. Como comprenderán ustedes, el accidente (!) ocurrido hace unos días al señor Roland Gross hizo más cuesta arriba tomar la decisión adecuada, sobre todo por mi esposa y mis hijos. Yo seguía los avatares del juicio a través de la prensa de Tel Aviv, donde el acontecimiento estaba suscitando vivo interés.

”En el otro fiel de la balanza estaba la memoria de mi padre, un hombre de honor y de fe, un hombre recto que habría estado de acuerdo con mi presencia ante este tribunal. Tras el fallecimiento en julio del año pasado del gerente de la empresa, el señor Theodor Adler, de muerte... natural, o al menos eso me han dicho —añadió Salomón enfatizando la palabra natural—, el último testigo vivo de los hechos era yo. Pero las razones que finalmente me han convencido se encuentran en el peso de mi conciencia: ¿cómo podría soportar que por mi culpa, un criminal del calibre de Peckmann no fuese castigado y siguiese disfrutando de la vida, como si no hubiera pasado nada? ¿Y los judíos de Kiev, de Ucrania, asesinados en la terrible persecución que tuvo lugar en ese país durante la ocupación nazi? Por ellos y sus familias, y por los pocos que han sobrevivido, estoy hablando ahora. Allá donde se encuentren, me lo agradecerán.Habré hecho todo lo posible para que el acusado Peckmann, un eslabón de la cadena en los crímenes cometidos por los SS en Ucrania, afronte su parte de responsabilidad. Al apropiarse de un oro robado a personas inocentes, hombres, mujeres y muchos niños asesinados y torturados sin ningún miramiento por el mero hecho de ser judíos, se ha convertido en un partícipe en la rapiña y un encubridor de esos crímenes.

"Por último, a pesar de ser alemanes... —yo, ya no lo soy—, y haber luchado en el bando equivocado, los soldados de la compañía 150 que han fallecido y sus familias son personas que merecen mi respeto y mi compasión. Su muerte y su sufrimiento, provocados por el acusado, también exigían una compensación. ¿Cómo iba a quedarme cruzado de brazos ante la terrible injusticia que se cometería si el SS Kurt Peckmann no fuese condenado?

Impresionado por el discurso de Salomón Tauber, Albert Hofmann le agradeció sus palabras. Acto seguido pidió al Tribunal que se aceptase como prueba documental el contrato laboral del testigo, bajo el nombre de Klaus Müller, sus pasaportes y tarjetas de identidad, de antes y después del cambio de nombre, así como otros documentos administrativos que acreditaban su identidad verdadera y su pertenencia a la empresa de fundición en el momento de los hechos. Los documentos aportados, como era de esperar, fueron examinados con gran repulsión por el abogado Schneider; como si tuviera entre sus manos una copa de cicuta momentos antes de ingerir el venenoso líquido. Luego los impugnó y protestó enérgicamente, pero de nada sirvieron sus protestas.

Ya un poco restablecido de la impresión y disimulando la desesperación que le atenazaba, el letrado pidió la palabra para interrogar al testigo.

—Su historia ha sido enternecedora, señor *Salomón* Tauber —inició Schneider enfatizando la palabra Salomón—, y seguro que ha conmovido al jurado; pero eso no basta para condenar a una persona inocente como lo es el señor Peckmann. Contra él se ha urdido toda una trama, para castigarle por unos crímenes que no ha cometido. ¿Cómo puede usted estar tan seguro de que el tal Herbert Brunenwald era la persona que está hoy sentada aquí como acusado?

—Señor abogado, le aseguro que si no estuviera *¡volkommen sicher!* —totalmente en lo cierto—, no habría venido desde Israel, con todo lo que ello supone —respondió Tauber con gran serenidad—. Además, lo que ocurrió era ¡tan atípico!, no sólo por la cantidad sino por las inscripciones de los lingotes, en las que Roland y yo, las dos personas que trabajábamos en el taller, reparamos mucho y lo comentamos entre nosotros.

Ante la evidencia de los hechos y con la sensación de impotencia reflejada en su rostro congestionado, Schneider, como el entrenador de un boxeador noqueado, se resignó y tiró la toalla—:"Señoría, no tengo más preguntas".

A continuación, El juez Heinzmann, con cara de satisfacción, preguntó al fiscal Schmitt si quería interrogar al testigo. Éste, sonriendo abiertamente, le respondió: "No Señoría, en este caso no es preciso hacer más preguntas. —y añadió—:" Para mí los hechos están meridianamente claros; espero que también para los miembros del jurado".

Entonces, el presidente del tribunal puso término a la sesión: "Señores del jurado, señores letrados, señor fiscal, ¡gracias a todos! Antes de deliberar y dictar sentencia, considero necesario solicitar de las instancias competentes la comprobación de los documentos administrativos y laborales que el señor Tauber nos ha presentado. Oportunamente serán convocados para finalizar el proceso".

**

Octavo día del juicio

El juicio se reanudó seis días después, la mañana del jueves 14 de mayo de 1953. Los documentos aportados por Salomón Tauber resultaron ser auténticos.

Según informaba el Ministerio de Trabajo y la policía, Klaus Müller era en realidad Salomón Tauber. En sus conclusiones, los letrados y el ministerio fiscal expusieron sus últimos argumentos, y resumieron cada uno a su manera el desarrollo del juicio, sin que se produjeran grandes sorpresas.

Albert Hofmann aprovechó la oportunidad para explayarse sobre todo lo que había acontecido durante el proceso, poniendo especial énfasis en la necesaria admisión de un testimonio, que luego se había revelado como la verdadera clave de arco de la acusación. Finalmente, solicitó que se aplicase al reo la máxima condena prevista en las leyes, tanto para castigarle como para resarcir a las víctimas y servir de ejemplo a la sociedad. No dejó tampoco de darle un *pequeño repaso* al juez Schelner, quien al no poder soportar el cambio radical en el desenlace del juicio, estaba de baja por enfermedad. Calificó su actuación de errante y prepotente, al tiempo que alababa la actividad llevada a cabo por el resto del Tribunal. El juez Heinzmann no le llamó la atención por estas afirmaciones.

En su turno, el Fiscal Julius Schmitt, rompiendo con su costumbre habitual de proponer penas más bien moderadas, cambió de criterio. Ante la sorpresa de los que conocían sus hábitos forenses, exigió que se castigase al acusado con el máximo rigor. El relato de Salomón Tauber y las confirmaciones posteriores no le permitieron encontrar ninguna circunstancia atenuante para reducir la gravedad de los delitos cometidos y su sanción. Igualmente, todo lo escuchado trajo a su memoria lo mal que lo había pasado durante la dictadura de Hitler; el desprecio, la degradación, y luego el ostracismo al que le relegaron los nazis.

En este caso le quedó claro que no cabía rehabilitar al criminal. Por el contrario, el Estado debía hacerse presente con toda su potestad de imperio y Schmitt estaba plenamente convencido de ello. Por último, la actitud del juez Schelner a lo largo del juicio no le había gustado nada. Sus exabruptos, sus desconsideraciones, su falta de humanidad, en definitiva su conducta, le habían recordado una vez más el comportamiento de los jueces del Tribunal del Pueblo durante el Nazismo; así que se adhirió a las recriminaciones del abogado Hofmann.

Arthur Schneider, que tomó la palabra en último lugar, hizo una intervención muy escueta, para salir del paso. Se reservó la interposición de un hipotético recurso de alzada ante el Tribunal Supremo de Alemania, fundamentado principalmente en la irregularidad de la prueba. Luego pidió la absolución del acusado, alegando que no había tenido un juicio justo, ya que las últimas actuaciones del jurado le habían producido una gran indefensión. Pura retórica que él sabía no iba a conducir a ningún lado, salvo al cobro de una jugosísima minuta, pues aunque se revocase la sentencia por razones de forma y se repusiera el proceso al momento en el que se produjo la pretendida irregularidad, el resultado iba a ser el mismo.

Como un endeble castillo de naipes, tras los últimos acontecimientos, las argumentaciones que había esgrimido el abogado Schneider a lo largo del juicio se vinieron abajo. El viento fresco y sincero del testimonio de Salomón Tauber había limpiado la solemne gran sala del *Landsgericht* de todas sus miasmas. Sólo quedaba el acto final de la tragedia: la deliberación del jurado y la lectura de la sentencia en audiencia pública.

El examen del jurado fue brevísimo y tuvo lugar la misma mañana del 14 de mayo. Por unanimidad, decidió declarar al acusado culpable de los cargos que se le habían imputado, sin ningún paliativo, y estimando la propuesta de condena del ministerio fiscal: la cadena perpetua. Por la tarde, ante la mirada extraviada y ausente de Kurt Peckmann, a quien pese su resistencia a estar presente en el acto, habían llevado esposado a la sala de juicio, la sentencia iba a ser pronunciada por el Juez Günter Heinzmann. En este caso, el presidente del tribunal no quería hacer ninguna excepción. Todo el público, y en especial los supervivientes de la compañía 150 y su antiguo capitán, tenían derecho a ver la cara del reo en el momento en que se diese publicidad al veredicto y a la pena que se le iba a imponer. Por fin llegó el momento tan esperado. En medio de un silencio sepulcral donde, a duras penas, las emociones trataban de ser contenidas, el presidente del tribunal tomó la palabra solemnemente:

"Los miembros del Jurado del *Landsgericht* de Dúseldorf, legalmente convocados y reunidos a puerta cerrada, en el caso seguido contra el acusado señor Kurt Edwin Frederick Peckmann, han dictado la siguiente sentencia:

Dúseldorf, a 14 de mayo de 1953...

Habiéndose celebrado el juicio con el cumplimiento de todos los requisitos y de las garantías legales establecidas en el Ordenamiento Jurídico vigente, en especial conforme a lo dispuesto en el Código de Procedimiento Penal, ha quedado demostrado a lo largo del proceso:

En primer lugar, que el 12 de octubre de 1943 un cargamento de 25 cajas repletas de lingotes de oro, con la marca de la esvástica y la palabra Kiev en cada barra, procedentes del expolio a la población judía ucraniana durante la ocupación de ese país por la Whermacht desde 1941 a 1943, fue depositado en la posición que ocupaba la compañía de infantería 150 perteneciente al Grupo de Ejércitos Sur en el Frente de Ucrania.

En segundo lugar, que el acusado, quien ostentaba en el momento de los hechos el grado de *Hauptsturmführer* de las SS y pertenecía a la división *Leibstandarte SS Adolf Hitler*, fue comisionado por el Alto Mando de las SS para coordinar el rescate del referido cargamento de oro junto con la evacuación de la Compañía 150 del *Heer*.

En tercer lugar, que el 16 de octubre de 1943, el acusado, durante el transporte de un oficial prisionero, traicionando a su propio ejército y a sus camaradas de armas, se pasó a las filas del ejército enemigo. Allí, valiéndose de su información privilegiada, pactó la entrega del cargamento de oro a cambio de una comisión consistente en no menos de dos de las cajas que lo componían, con un valor estimado de tres millones de marcos.

En cuarto lugar, que la información suministrada por el acusado en el pacto referido, con la intención de conseguir su objetivo criminal de apropiarse de parte del cargamento de oro, indujo al enemigo a atacar, el 17 de octubre de 1943, por dos veces consecutivas a la referida compañía 150 de la Whermacht, provocando la muerte directa de 70 soldados, lesiones graves a 16, y leves a otros diez.

Los hechos descritos constituyen la comisión concurrente de los delitos de alta traición, complicidad para el asesinato, y apropiación ilícita en grado máximo.

En consecuencia, este Tribunal, acogiéndose a lo dispuesto en el Código penal de la República Federal de Alemania, y de conformidad con la petición del Ministerio Fiscal, debe condenar y condena al acusado a la pena de prisión perpetua que deberá cumplir en el penal de *Gelsenkirchen,* adonde será

conducido en el transcurso de las 24 horas siguientes a la lectura pública de la presente sentencia, así como a la responsabilidad civil derivada de la comisión de los hechos ilícitos..."

Al término de la lectura, las emociones se desbordaron; los intentos del presidente del Jurado para contenerlas fueron en vano. Varios miembros del público sufrieron crisis nerviosas, pues la tensión acumulada, no sólo a lo largo del proceso sino también en la etapa previa, había sido enorme. La mayoría de los supervivientes de la compañía 150 se abrazaban mientras lloraban de alegría. El esfuerzo agotador había merecido la pena; la victoria era suya. Desde la ilusión inicial, habían atravesado períodos de incertidumbre, luego de desesperación con la desaparición del testigo Roland Gross, hasta que por fin habían recuperado sus esperanzas con la irrupción milagrosa de Salomón Tauber.

En el campo contrario, el destino había cerrado su bucle fatal. Al escuchar la sentencia, Kurt Peckmann se había quedado petrificado. Para él, el tiempo se había detenido y parecía hallarse en otro plano de la existencia, donde nada de lo ocurrido era cierto. Se trataba de un mecanismo de defensa, la evasión que la mente de cualquier hombre necesita cuando la visión de la realidad se convierte en una tortura constante, en una emoción insuperable capaz de hacer estallar el cerebro. Lo cierto es que prácticamente nadie acompañaba ahora al acusado, en las horas más aciagas de su vida. El flamante empresario, el filántropo, el ejemplo de iniciativa en la nueva Alemania, etc. etc., se acababa de convertir en un apestado por el que nadie daba un céntimo.

Schneider, por su parte, ya había pasado página. Sólo le quedaba desear suerte a su defendido en un cautiverio que esta vez iba a ser de verdad y no como en Rusia; donde había sido huésped privilegiado de los soviéticos. El abogado de la defensa actuó con inteligencia, sabiendo perder como un buen profesional. Tuvo la gallardía de acercarse tanto a Albert Hofmann como al fiscal Schmitt para darles la mano y despedirse. También tuvo un detalle con el juez Heinzmann, a quien felicitó y animó en su sólida carrera judicial. Arthur Schneider había querido poner término a su actuación en el proceso comportándose como un caballero, por encima de las envidias o de la soberbia. Finalizadas las *hostilidades*, no tenía ningún motivo para llevarse mal con nadie o ganarse enemigos. Por otra parte, el abogado albergaba nulas esperanzas sobre el planteamiento de un recurso ante el *Bundesgerichtshof,* que además tenía escasas probabilidades de ser admitido a trámite.

Al salir del *Landsgericht*, los miembros de la *Nemesisverein*, los ganadores y sus familias, que habían querido estar presentes el último día del juicio, se fueron a una conocida sala de fiestas del centro de la ciudad. No iban precisamente a llorar ¡oh paradojas del destino!, sino a celebrar la victoria, su merecida victoria. Ilse, que había sentido la necesidad de compartir con Willy los malos momentos, los de desesperación, le acompañaba ahora feliz mientras éste, tiernamente, la tomaba de la mano. Ella no acababa de salir de su asombro por el inesperado vuelco que había dado el juicio.

—¡Ha sido increíble! Ahora creo más en el Karma, en las deudas que tenemos que pagar todos en vida, no importa cuando.

—Yo ya no sé qué decir —expresaba Willy a su vez—. Al final, mis oraciones se han tenido en cuenta.

—¿Sabes si ha venido Bukovsky? —preguntó Ilse—. No le he visto entre el público.

—¡Claro que ha venido! He estado un rato con él, mientras tú hablabas con mi madre y mi hermana. Ya está mucho mejor de su *incidente* y se va a incorporar a la fiesta.

—¿Y cómo están los otros?

—¿Te refieres a mi comité reducido?

—Sí, a Klaus, a Schulze, a Walter... y también a Waldemar.

—*Ahora los vas* a ver. Parecen otras personas. Sus caras inspiran una gran paz. Es la paz de las conciencias, aquélla de la que me habló un hombre en el tren que me llevaba de Hamburgo a Karlsruhe, cuando salí del hospital.

—¡No me has contado nada de eso!

—Ese hombre decía también que las culpas en los crímenes que se han cometido en Alemania, antes y durante la guerra, son individuales, y que la responsabilidad en la nueva Alemania, para que hechos semejantes no vuelvan a ocurrir, reside en de cada uno de nosotros. Pero ¡cambiemos de tema Ilse! Hoy estamos de celebración y no quiero ponerme serio.

—¡Qué maravilla!, ¡qué descanso! La operación Némesis ha acabado —exclamó Ilse que no cabía en sí de gozo.

—Ahora ya, sí que puedo... sí que podemos cambiar el decorado del escenario y pensar, disfrutar, vivir en definitiva con otros objetivos, ¡muy valiosos!, y menos difíciles de alcanzar —le dijo Willy con cierta timidez.

—¿Qué estás sugiriendo, Willy?

—Lo sabes de sobra, Ilse... ¿te lo digo yo?

—¡Sí! —le respondió ella, mientras radiante de felicidad apoyaba la cabeza en su hombro y esperaba arrobada la segunda sentencia del día; aquélla que iba a cambiar el curso de sus vidas para siempre.

—Ilse, quiero que vivamos juntos, que formemos una familia, y voy a hacer todo lo posible para que seamos felices. ¿Qué te parece? —le preguntó por fin, haciendo un esfuerzo supremo para sincerarse.

—¡Me parece maravilloso!

Así, de manera natural, Ilse y Willy se comprometieron, sellando su amor y su compromiso con un beso de película, en medio de la calle, que si bien suscitó el escándalo y las protestas de algunos viandantes, sobre todo de mujeres mayores, fue jaleado y aplaudido por la comitiva de la *Nemesisverein* que ya se imaginaba lo que estaba pasando.

—¡Bueno!, ¿para cuándo es la boda? —preguntó Klaus.

—¡Cuando ella quiera! Por mí, ¡mañana mismo! Ilse es la mujer de mi vida, la que estaba esperando sin saberlo todo este tiempo, y por fin... ¡llegó! Además, a mi madre y a mi hermana les va a sentar muy bien, aunque entre mujeres, ¡ojo!

—¡No corras tanto, Willy! —exclamó ella con alegría—. Te tengo que presentar a mi familia; ellos todavía no saben nada, ¿no te parece que ya es hora de que les hagamos una visita los dos juntos?

—¡A sus órdenes, mi comandante! —le respondió él cariñosamente—. Verás que te he puesto un rango superior al mío.

—Yo ahora te llamaré general, pero no en los momentos de enfado.

—Sí, *Liebling* —querida—, en esos trances será mejor que no lo hagas.

En este ambiente de broma, de fiesta, y sobre todo de camaradería, transcurrió el resto de un día esplendoroso. Como Jasón y sus argonautas, los miembros de la asociación Némesis habían vuelto victoriosos a Tesalia, después de afrontar muchos peligros y apoderarse del Vellocino de oro en la Cólquida. Ahora, antes de separarse, como una familia a la que las adversidades habían unido, to-

todos hicieron votos de estrechar más sus lazos y es que, cómo pensó Willy, cuando con Ilse se alejaba del lugar de la fiesta: "Mejores soldados, no podría haber tenido".

**

El mismo día en que se dictó sentencia, el reo Kurt Peckmann fue ingresado de noche en la prisión de Gelsenkirchen.

En los meses siguientes, todo lo que había logrado en la vida se desmoronó con la misma facilidad y rapidez con que lo había conseguido. Su empresa se vino abajo como un suflé, pues con los activos y las cuentas embargadas, poco se podía emprender ya. Su *querida y fiel* esposa, Leni von Holdendorf, que no había podido soportar la tensión del juicio y el proceso mediático posterior, con el linchamiento moral de que había sido objeto su marido, tuvo que someterse a tratamiento psiquiátrico. Las presiones sociales, y sobre todo las de su padre y sus hermanos, unos aristócratas al fin y al cabo, la obligaron a pedir el divorcio que obtuvo en breve plazo. Las dos hijas del matrimonio, todavía muy niñas, se fueron a vivir largas temporadas con la familia del condenado que, apiadándose de las pequeñas y ante el estado de postración de su madre, se hizo cargo de ellas. La mansión donde había vivido la familia fue objeto de venta judicial en pública subasta, y las cuentas bancarias personales de Peckmann, embargadas.

En la cárcel no le fue mucho mejor, pues el módulo donde *residía* era el de los peores criminales. Había sido trasladado allí por expresa orden del Ministerio de Justicia. Pero lo peor para él consistió en la publicidad de su condena y el escarnio público a que fue sometido. La prensa sensacionalista y las cadenas de radio se hicieron eco del resultado de un juicio que muchos radioyentes y lectores habían seguido con gran interés, al ver reflejado en él sus actitudes vitales, sus prejuicios y sus experiencias. Todos los antiguos SS, compañeros de la asociación cinegética *Jagdt und Freiheit* —Caza y libertad—, con quienes tantas patrióticas y alegres reuniones había tenido, y todas esas amistades y vecinos, a los que invitaba a sus famosas fiestas; desaparecieron como por arte de magia. En Alemania, se podía haber sido nazi o no, pero lo que difícilmente se perdonaba era la traición a los propios camaradas, máxime cuando lo que se perseguía no era la salvación de la patria sino el enriquecimiento ilícito y más abyecto.

Como en el más eficaz ejercicio de la *Damnatio memoriae* —proceso practicado durante la época del Imperio Romano que consistía en eliminar todo cuanto recordara al condenado—, su nombre fue borrado del registro de la asociación de cazadores; como si nunca hubiere existido. Nadie fue a verle a la prisión. Nadie quería saber nada de él. Sólo el capellán de la cárcel y algún que otro preso, a pesar de la naturaleza de sus crímenes, se apiadaron sinceramente del condenado.

La mañana del 17 de octubre de 1963, cuando se cumplía el vigésimo aniversario del ataque ruso a la posición que ocupaba la Compañía 150 en el Frente de Ucrania, el cuerpo sin vida de Kurt Peckmann apareció colgado por el cuello de una cuerda que pendía de los barrotes de la ventana superior de su celda individual, cuya puerta se encontró abierta de par en par... A la investigación policial se dio rápidamente carpetazo, sin que nunca pudieran llegar a conocerse las verdaderas circunstancias de su... suicidio (!). Los periódicos y la radio, que años antes habían estado tan atentos al juicio contra Peckmann dando noticia tras noticia, y ahora también la televisión, enmudecieron. Sólo unas escuetas líneas, perdidas en la esquina de una página de sucesos, dieron cuenta del hecho. Un muro de silencio se había levantado y nadie quería ya indagar sobre el caso Peckmann.

El producto de la venta de las propiedades de su sociedad constructora, y el líquido de las cuentas sociales fueron objeto de reclamación por las asociaciones de supervivientes de los campos de concentración, como justa compensación por el cargamento de oro robado a los judíos de Ucrania. En particular, el organismo más importante a este respecto era y es la *Conference on Jewish Material Claims Against Germany, Inc.*, también llamada *Claims Conference* —Conferencia de Reclamaciones— que, fundada en 1951, alcanzó con el canciller alemán Konrad Adenauer, el 10 de septiembre de 1952, un acuerdo global para la compensación a las víctimas judías de los crímenes nazis. Parte del dinero fue entregado también a los familiares de los soldados muertos de la compañía 150. La mayoría hizo luego importantes donativos a la *Nemesisverein,* con los cuales se pudo compensar el esfuerzo económico que los miembros de la asociación habían hecho.

**

Salomón Tauber abandonó Alemania a los pocos días de concluir el proceso. Pero, antes de partir, él y Willy se reunieron.

—No encuentro palabras para expresarle mi agradecimiento, nuestro agradecimiento, el de todos los que hemos impulsado este juicio —le dijo Willy, quizás con las palabras más sentidas que hubiera pronunciado en su vida.

—Me alegro que todo haya salido tan bien. Sabe, señor Meinhof, nunca se podrá compensar el sufrimiento que causaron los nazis a mi pueblo, pero todos debemos realizar una pequeña aportación para que el mundo sea mejor. No hace falta ir muy lejos para ello. Simplemente, ¡mira a tu alrededor!, mira a las personas que sufren, apiádate y ayuda aunque no te lo vayan a agradecer. Si te lo agradecen, diles que lo mejor es que hagan lo mismo por otros. De esta manera conseguiremos que las buenas acciones se multipliquen por todo el mundo. Eso es todo.

—Salomón, lo que usted ha hecho tiene mucho valor —reconoció Willy—. Nos ha sacado del pozo sin fondo donde estábamos metidos después de la muerte de Roland Gross.

—La verdad es que ahora, cuando todo ha pasado, me siento cada vez más satisfecho y me acuerdo mucho de mis padres. Ellos, allá donde se encuentren, estarán orgullosos de mí.

—Antes de que vuelva a Israel, quería pedirle un favor.

—Dígame, Willy.

—Se trata de mi hermana Erika. Ella me ha pedido verle. Quiere conocerle, quiere hablar con usted.

Salomón accedió a ello y la víspera de su vuelo para Tel Aviv, Erika aguardaba impaciente su visita en casa de los Meinhof. A solas con él, le contó todo lo que había vivido en París y el cariño que había llegado a sentir por la familia Goldenberg, lo que había disfrutado con los vecinos de la *rue des Rosiers*, cómo había conseguido superar el odio que los nazis le habían inculcado contra los judíos y cómo, once años después, seguía echando mucho de menos a David y a su hermanita Catherine:

—Mi hermano y usted me han enseñado mucho. Sabe, Salomón, no es fácil lo que ha hecho en el juicio, en un país, en un territorio hostil donde la historia y los prejuicios no estaban precisamente de su parte, donde la mayoría de las personas miran para otro lado cuando les preguntan sobre los crímenes del nazismo. Os habéis quitado los dos un peso muy grande de encima, y habéis contribuido a que el mundo sea un poco mejor. ¡Gracias Salomón!

—Me gusta que en Alemania haya personas como usted, Erika. Cuando la oigo recupero mi fe en la humanidad. ¡Ojalá las cosas hubieran sido distintas! Pero nos quedan recuerdos maravillosos que siempre llevaremos con nosotros. Además, los creyentes esperamos reunirnos algún día con nuestros seres queridos.

—Sí, yo incluso a veces los siento cerca de mí, y me dan paz, mucha paz.

—Erika, cuando vaya a la Sinagoga, pediré por usted y su familia.

—Yo también rezaré por usted y los suyos. ¡*Shalom*, Salomón!

—¡*Shalom uberakah* (Paz y bendición), Erika! que Dios te acompañe siempre, le deseó a su vez Salomón.

Luego, ambos se despidieron fundiéndose en un fuerte abrazo. Entonces, todas las vivencias gozosas y dolorosas en el París ocupado, los tiempos de la guerra, la insustituible ausencia de su padre, el sufrimiento de ver a su hermano enfermo, luego desesperado en medio del proceso, y finalmente triunfal, inundaron la mente de Erika que, llena de emociones contradictorias, estalló en lágrimas.

**

Es el 15 de abril de 1965 y ya han pasado casi 13 años desde que se constituyó la Asociación Némesis. En una fecha tan significativa, el duodécimo aniversario del inicio del juicio contra el SS Kurt Peckmann, los miembros de la que ahora es una fundación y sus familias se reúnen en un conocido hotel de Colonia. El objetivo es conmemorar los éxitos de más de una década de actividad de la fundación, pero sobre todo, volver a encontrarse, sentir de nuevo los lazos indelebles que unen para siempre a los supervivientes de la Compañía 150, y hacer sentir esos vínculos a la nueva generación. Ya se necesitan tres grandes mesas para que todos, con sus esposas e hijos, puedan acomodarse. Willy Meinhof está presente. Ha acudido con su esposa Ilse y sus tres perlas, las tres hijas fruto del matrimonio. Su hermana Erika, que tiene un hijo de corta edad y está esperando otro en avanzado estado de gestación, también ha querido acompañarle con Wolfgang, su marido.

—Capitán —le requiere Klaus Zimmermann en presencia de su segunda mujer—, tenemos una sorpresa para usted, Hans Witzke ha venido a verle.

—¿Pero qué dice?, ¡está usted loco! Hans murió en los campos de concentración rusos. Estas bromas no me hacen ninguna gracia.

—No, capitán, ¡fíjese bien!, ¡ahí está!

Entonces, como surgiendo del túnel del tiempo, un hombre joven, que apenas acaba de cumplir los 20 años, avanza con paso firme a su encuentro. El parecido con Hans Witzke es asombroso. Willy se queda lívido, sin poder creer lo que está viendo.

—¡Hola, señor Meinhof! —exclama el recién llegado con un acento extraño—. Mi madre me ha hablado mucho de usted, por lo que le contó mi padre antes de morir. Se conocieron en 1944, cuando mi madre, que es rusa, trabajaba en las cocinas del campo de prisioneros. He podido emigrar a Alemania gracias a las gestiones de mis abuelos. Es un honor poder saludarle.

Después de abrazarle efusivamente, Willy pidió silencio a los asistentes a la reunión y les presentó al recién llegado; luego, dirigiéndose a él en voz alta para que todos lo oyesen, añadió emocionado: "Como habrás podido ver, Hans era muy querido en la compañía 150. Tu padre era un soldado muy valiente pero, sobre todo, una persona muy buena que siempre estaba dispuesto a ayudarnos. Por eso, hoy te dedicamos a ti esta fiesta. ¡Bienvenido a tu casa, bienvenido a tu patria!".

Al finalizar sus palabras, un aplauso espontáneo invadió todo el salón y Hans, que así había querido su madre que se llamara, fue cariñosamente acogido por todos los asistentes.

La velada transcurrió magníficamente, pero a eso de las tres de la mañana, Bukovsky, Klaus, Thomas, Walter y Waldemar, en actitud circunspecta, se acercaron al capitán. Bukovsky tomó la palabra.

—¿Willy?

—¿Qué pasa, Albert?

—Siento comunicarte que ha ocurrido lo que más nos temíamos —le respondió poniéndose muy serio—. ¡Mi capitán, haga el favor de venir! —añadió en tono imperativo.

—¡Qué ocurre ahora!, ¡estoy hecho polvo!

A regañadientes, pues el alcohol y lo avanzado de la noche empezaban a hacer sus efectos, un Willy muy cansado por los bailes, las emociones y los discursos, siguió a sus cinco incondicionales. En uno de los sofás del hotel, Hans Witzke estaba completamente dormido. Roncaba sonora y generosamente. Willy se echó a reír, se acercó al muchacho y le acarició el pelo. Hans se despertó.

—Capitán, ¡disculpe capitán!, quiero decir, *Herr* Meinhof, ¿qué ocurre? Estaba soñando, sabe. Veía... —Willy se volvió a Bukovsky y a Klaus. Una brillante sonrisa iluminaba toda su cara mientras, con lágrimas en los ojos, les decía: "Es verdad, Hans ha vuelto, es igual que su padre..."

***

Retorno a París

Remembranzas

Wolfgang y Erika habían contraído matrimonio en 1957 y tenían dos hijos, Henning, de 12 años, y Ludwig, que acababa de cumplir los 16. El hecho de que sus vástagos fuesen ya relativamente autónomos, les facilitaba organizar unas vacaciones que llevaban aplazando demasiado tiempo, para celebrar sus veinte años de casados. A mediados del mes de junio de 1977, aprovechando unos momentos de tranquilidad e intimidad, pues sus hijos estaban de acampada con los *boyscouts*, los esposos abordaron el tema del tan anhelado viaje que nunca se hacía realidad.

Era de noche, había luna nueva, y una tormenta les había sorprendido cuando se disponían a salir para cenar en un conocido restaurante de la zona, así que decidieron quedarse en casa.

—Hace ya cuatro meses que hemos cumplido nuestro vigésimo aniversario de boda. Estamos en junio y hace buen tiempo, no sé a qué estamos esperando, Wolfgang —afirmó Erika con convicción.

—Ya lo sé, *Liebling* (cariño), pero las cosas no son tan fáciles. Ya sabes cómo las gastan en la empresa. Lo de las vacaciones, aunque sean sin sueldo, no les hace ninguna gracia.

—Sí, pero te recuerdo que nosotros, desde el mes de enero, habíamos decidido hacer el viaje. No creo que por que estés 7 u 8 días fuera se vaya a caer el mundo. Te aseguro que no va a pasar nada. Fíjate mi hermano Willy: el año pasado, ni corto ni perezoso, agarró a Ilse de la mano y se la llevó fuera del país, durante quince días.

—Tu hermano, ya se sabe, Erika. Es un Meinhof y...

— ¿Qué quieres decir?, no te entiendo.

—Bueno... que es muy testarudo y cuando se le mete una cosa en la cabeza no para hasta que la consigue, y encima se crece en las dificultades.

—Pues no te quiero contar mi padre... Era tremendo —recordó Erika, pero inmediatamente se le hizo un nudo en la garganta y no pudo seguir hablando. —Levantándose del sofá donde estaba sentada junto a Wolfgang, se acercó al amplio ventanal que daba sobre el jardín de la urbanización donde vivían. Habían apagado las luces del salón, como hacían a menudo cuando querían concentrarse en la conversación. Entonces, mirando al vacío de la noche, muchos recuerdos del pasado irrumpieron de repente en su memoria, subiendo desde las entrañas hasta los ojos, que empezaron a brillar de humedad. Erika era una mujer fuerte, pero también muy sensible.

— ¡Qué pena que yo no llegara a conocerle! —exclamó Wolfgang, un tipo sencillo y honrado, ingeniero industrial de profesión, que había conocido a Erika cuando los dos fueron contratados por la misma empresa en los albores del milagro económico alemán de los años 50.

—Mi padre te habría caído bien. Habríais congeniado. Recuerdo una cena, en 1935. Era un 23 de noviembre, cuando él cumplía 54 años. Ahora, con el tiempo, hasta los más pequeños detalles se dibujan con claridad en mi memoria. ¡Es increíble, Wolfgang!, lo estoy viviendo, ¡todo vuelve! Estábamos reunidos en Karlsruhe: mi tío Hermann, mi tía Brunhilde, mi primo Gerhardt, Willy, y sobre todo mi abuela y mis padres. ¡Qué guapos estaban mi padre y mi madre! ¿Sabes que a él le condecoraron en la Gran Guerra? Por eso aquel día, lucía en su pecho la Cruz de hierro.

—No hablemos de la guerra... ¡Qué asco!

—Sí... qué asco. Mi padre la odiaba, pero consideraba su insignia como un premio por haberse superado, porque había vencido al miedo en varias ocasiones. En aquella reunión de familia, él me miraba fijamente, orgulloso, y yo le quería mucho, y esa noche yo le respondí y le recriminé porque estaba criticando a Hitler. ¿Te das cuenta, Wolfgang?, ¿cómo pude hacer eso? Cuando él me lo daba todo. Esa noche mi madre me dijo que para mí, papá era más importante que el *Führer*. Nunca le conté a mi madre que me di cuenta de cómo contenía sus lágrimas, al acostarme y darme las buenas noches. Luego salió de mi cuarto, y yo me puse a llorar. No te puedes imaginar cuanto lloré, porque la vi sufrir, porque respondí insolente a mi padre, y sobre todo, porque le conté lo del colegio.

— ¿El colegio?

—Ya sabes, todas esas monsergas, todo ese adoctrinamiento. Ahora parece muy lejano, resulta increíble... pero existió. Era la cultura de la muerte, pues muchos sabían ya lo que se avecinaba y estaban preparando el terreno. "Si hay guerra, tendremos que ofrecer nuestra vida al *Führer* y os comportaréis, vosotros y vuestras familias, como héroes de la gran nación alemana."—nos decían los profesores y parecía que algunos disfrutaban, que deseaban la guerra—. ¡Qué locura!, y yo de pequeña estaba de acuerdo.

—Erika, creo que necesitamos, que necesitas hacer este viaje.

Pero ella no le respondió, estaba ya fuera de sí, en otro mundo, como hipnotizada, y no escuchaba más que su a propia voz.

— Mi papá me faltó, cuando más lo necesitaba. Fue en agosto de 1939, un mes antes de empezar la guerra, y yo sólo tenía catorce años. ¿Sabes cómo se sufre con esa edad, cuando te dicen que alguien muy querido y muy próximo se ha muerto? No puedes asimilarlo, eres muy joven, no comprendes, no aceptas la muerte y te desgarra las entrañas, te hundes y sientes que un mundo entero acaba de desaparecer... y que ya nada será igual. Yo estaba en el colegio y mi madre no quería decirme nada. Ella sabía que yo adoraba a mi padre y que me iba a ser muy difícil asimilar su pérdida. Nunca se supera la muerte de un padre o de una madre. Ellos siempre están ahí... tan cerca.

En ese momento de la conversación, Erika ya no pudo contenerse más y lloró... y se derrumbó, sufriendo unos espasmos muy fuertes mientras derramaba sus lágrimas sobre Wolfgang, que nunca antes la había visto en ese estado.

—Suéltalo todo, amor, se te están juntando muchas cosas. Es normal que reacciones así.

—El día anterior le estuve chinchando, vestida con el uniforme nazi del colegio —continuó Erika—. A él no le gustaba, pero era obligatorio y no había nada que hacer. A mí todo aquello me parecía fascinante y lo defendía. Habría dado mi vida por el *Führer*... hasta que viajé a París. ¿Te he contado lo de París, verdad?

—Sí, conozco la historia. Cuando estás muy triste siempre me la cuentas y me gusta... a pesar del final.

—Cuando volví de París, a principios de julio de 1942, mi concepción del mundo cambió por completo, después de lo que vi allí... de lo que sentí, y sobre todo al enterarme de lo que le había pasado a la familia Goldenberg, a mi familia Goldenberg.

— ¿Es por eso que tienes una *Menorah* (candelabro de siete brazos) siempre contigo?

—Claro que sí, yo adoraba a Catherine y a David, y me los quitaron cruelmente. No pude mantener correspondencia con ellos, ni con sus padres. Fue durante la redada del Velódromo de Invierno cuando se los llevaron, el 16 de julio de 1942. Sus caras de terror y de miedo me persiguen, me imploran, me piden ayuda, y yo no puedo hacer nada Wolfgang... nada...

—Me gusta cuando les pones velas el viernes por la noche, y eso que no somos judíos.

—Es el único homenaje que puedo hacerles. Sus cuerpos están en Auschwitz, en una fosa común. Ni siquiera fueron enterrados con dignidad, los pobrecitos. ¡Cuánto sufrimiento! Y ahora..., no sé por qué, su recuerdo me viene de repente, ¡más fuerte que nunca! Tenemos que ir a París Wolfgang. Te das cuenta que desde 1944 no he sido capaz de volver. No puede ser, tengo que asimilar mi pasado, han transcurrido más de treinta años.

—Iremos, Erika... iremos... Te lo prometo.

**

París 1977

París es uno de esos lugares que a pesar del paso del tiempo se mantienen siempre bellos y fascinantes. El centro no había cambiado mucho desde que en 1944 Erika estuvo por segunda vez en la ciudad, destinada como enfermera, y pudo enterarse de lo que le había pasado a la familia Goldenberg. El matrimonio se alojó en un hotel cercano a la estación de metro de Cadet, en el *neuvième arrondissement* —el distrito 9—, justo al lado del Folies Bergère, uno de los cabarets más famosos de parís, y cerca de la sala Olimpia, que ofrecía conciertos y espectáculos. El Museo de la Vida Romántica, en la casa del pintor Ary Scheffer que tanto había visitado la escritora George Sand en el siglo XIX, situado también en el distrito, fue una de las primeras visitas de la pareja.

Erika no se lo quería decir a Wolfgang, pero estaba deseando recorrer los lugares donde había vivido tan intensamente la primera vez que estuvo en París, allá por 1941 y 1942, cuando su madre la mandó todo un año para que aprendiera a hablar francés. Al tercer día de su estancia en París, ya no pudo contenerse más.

—Wolfgang, lo estamos pasando muy bien. Hemos estado en el Louvres, en Notre Dame, en el Sacré Coeur, y en la Torre Éifel. Todo eso está muy bien, pero yo hoy me voy al barrio de Marais, ¿ya sabes por qué, no?

—Ya me imaginaba que lo ibas a plantear, y yo te voy a acompañar.

Después de desayunar, tomaron el metro y se bajaron en la estación de Saint Paul-le Marais. El barrio histórico, cuyo nombre significa pantano o marisma, situado en la Rive Droite, la orilla derecha del Sena, aparecía ahora con toda su belleza, igual que siempre, con sus casas de cuatro alturas, sus bellos edificios, muchos de ellos de la época de Enrique IV y Luis XIII. Su ambiente, más medieval que ilustrado, no respondía en su estética al gran París diseñado por el barón Haussmann, a mediados del Siglo XIX. Es aquí, en una de sus avenidas principales, el bulevar Saint Antoine, donde Erika había vivido durante un año con su querida tía Elsa.

—Ha pasado mucho tiempo, pero casi todo sigue igual —reconocía Erika mientras paseaban por el bulevar.

— ¿Qué cambios has notado?

—Sobre todo las tiendas. Algunas ya no son las mismas. Por lo demás, parece como si el tiempo se hubiera detenido. ¡Mira!, el edificio donde vivíamos no ha cambiado nada. Me dan ganas de entrar, subir al tercer piso, y llamar al timbre —le dijo al pasar delante de la casa que tantos recuerdos le traía.

— ¿Qué pasó con T*ante* (tía) Elsa? No me has hablado mucho de ella.

—Nos encontramos de nuevo en Darmstadt, después de la guerra. Elsa estaba deshecha. Los bombardeos aliados habían destruido todo el centro de la ciudad y, con él, la casa de sus padres, donde ella guardaba sus recuerdos. Si ya estaba asqueada de la guerra, del régimen, aquello fue la gota que colmó el vaso. Me dijo que ya no tenía nada que hacer en Alemania, pero que no podía volver a París, pues en aquel entonces los alemanes, como comprenderás, no eran bien recibidos.

—Ya me lo imagino. Pero tú me dijiste que Elsa era de acero, una superviviente, ¿pues sigue viviendo, no?

—Sí, ya te conté que luego se fue a México, a dar clases de alemán y de francés y a enfrascarse en una investigación sobre la mezcla de culturas, sobre el mestizaje. Ella siempre había admirado lo que los españoles sabían hacer y que nosotros, los alemanes, por nuestros prejuicios y nuestro sentimiento de superioridad, no éramos capaces de llevar a cabo: fusionarnos con los indígenas, convivir con ellos, mezclarnos en un plano de igualdad, juntar las costumbres hasta construir algo nuevo y mantenerlo. Eso es lo difícil, más que conquistar. Pues si conquistas, y luego no convences, la obra se desmorona ¡tan rápidamente!

—Me dijiste que se casó con un mexicano.

—Sí, mi querida Elsa siempre era una adelantada carente de prejuicios. Y ahí sigue. Ahora está en el Estado de Coahuila, me parece que estudiando algo relacionado con los Yakis y los Tarahumaras.

—Es increíble las vueltas que da la vida. Oyes, ¡qué bonito es Saint Antoine!

—Y no has visto lo mejor. Te voy a llevar a dos sitios que yo frecuentaba mucho, también en la orilla derecha, la place des Vosges —la plaza de los Vosgos— y la Rue des Rosiers –la calle de los rosales—.

Tranquilamente, como si no hubieran transcurrido más de treinta años, Erika se dirigió a la plaza con una seguridad que impresionaba, describiéndole a Wolfgang cada rincón, y contándole algunas anécdotas que ella aún recordaba y le emocionaban. Ahora, en circunstancias bien distintas, había podido volver a uno de los lugares más queridos y recordados de su adolescencia, marcada por la guerra, el odio y la tragedia. El hecho de haber sido París para Erika un remanso de paz en medio de tanta irracionalidad, allanaba el camino para rememorar... para revivir su etapa francesa. Torciendo a su derecha, enfilaron la Rue de Birague, una calle estrecha y corta, que desde el Bulevar Saint Antoine conduce directamente a la plaza de los Vosgos.

—Mira, Wolfgang, aquí había una carnicería donde comprábamos todas las semanas y allí, a la derecha, antes de entrar en la plaza estaba el cordonnier –el zapatero—, un señor muy simpático que hacía unas botas maravillosas a mano. Yo, a veces, me quedaba ensimismada viéndole trabajar.

Pero en el fondo, lo que le pasaba a Erika era que le estaba costando mucho trasponer la arcada de entrada al recinto de los Vosgos, porque temía que todas las sensaciones y sentimientos que había experimentado en 1941 y 1942, fuesen a emerger de su subconsciente como un enorme géiser.

Por fin entraron en el parque. Estaba igual: con los faroles retorcidos sobre sí mismos que parecían estar reflexionando; la estatua de Luis XIII; las cuatro fuentes; y las bellas casas de ladrillo rojo y techo de pizarra de la época de Enrique IV, que rodeaban todo el espacio verde produciendo en los visitantes una impresión de orden y sosiego. Nada más trasponer la verja que separaba la plaza de la calle que la circundaba, Erika se dirigió adonde había visto por última vez a David, en 1942.

—Sentémonos aquí, Wolfgang. Ahora, déjame que recuerde. —Y entonces, las lágrimas brotaron abundantes... incontenibles—. No puedo evitarlo, después de la muerte de mi padre y mi madre, esto es lo más duro que he tenido que soportar. Y ahora todo vuelve otra vez. ¿Dónde están los niños en esta plaza, dónde estáis? —preguntó en voz alta al tiempo que se levantaba y miraba al cielo.

Wolfgang permanecía en silencio, pero estaba muy emocionado viendo como el dolor y la melancolía se apoderaban de Erika, sin que él pudiera hacer nada más que reconfortarla con buenas palabras.

—Di lo que quieras, cariño, suéltalo todo, eso te hará mucho bien. Poco podemos hacer cuando las personas queridas han desaparecido, si no es recordarlas en sus mejores momentos, manteniendo viva su memoria, el único eslabón que nos une todavía a ellas... hasta más tarde.

Pero Erika, no fue capaz de aguantar:

—Vámonos de aquí, Wolfgang. No puedo soportar esto, no puedo soportar este vacío. ¡Los he querido tanto!...

Los días siguientes no volvieron a tocar el tema. Se dedicaron a hacer más turismo. Versalles y el Bois de Boulogne, junto con el Museo impresionista del Quai d´Orsay, fueron las siguientes etapas de su gira francesa. Ya llevaban seis días en París, nada para descubrir los tesoros aparentes y ocultos de la ciudad del amor, pero mucho para congraciarse con el destino y celebrar su veinte aniversario de casados. Montmartre, su siguiente asignatura, era también uno de los lugares preferidos de Erika, pues durante la guerra, la bella colina era muy visitada por los militares alemanes que estaban destinados en la capital, y también por la población local y los pintores. Mientras disfrutaban de la impresionante vista de París que hay desde el Sacré Coeur, a Erika se le ocurrió una idea.

—Wolfgang, quiero comprar las flores más bonitas y esparcirlas por la place des Vosges, antes de que volvamos a Alemania. Creo que me haría mucho bien y ellos lo verían.

—Bueno, pero no quiero que te pongas como el otro día. Yo sufro viéndote así, ¿sabes?

—Tienes que comprenderme. Cada flor es un recuerdo de lo que pasé con mis niños de París. Quiero que las flores las cojan otros niños. Es lo último que te pido. Luego, ya no sé cuándo volveré, ni si volveremos.

—Si quieres, mañana mismo vamos y hacemos la ofrenda, por David y Catherine, y por toda la familia Goldenberg.

**

El sábado veinticinco de junio de 1977, Erika y Wolfgang, siendo las nueve de la mañana, se dirigieron a cumplir con el rito que se habían impuesto. La plaza empezaba a estar concurrida, incluso con algunos niños y niñas. Marais era un barrio donde la densidad de población había disminuido sensiblemente, a causa de los altos precios que había que pagar para disponer de una vivienda en un lugar tan privilegiado.

Esta vez, todo se desarrolló de forma natural. Erika depositó una flor en cada asiento, ante las miradas sorprendidas y curiosas de las personas que a esas horas disfrutaban del parque, mientras Wolfgang la esperaba de pie en una esquina del recinto. En una zona cercana a la estatua de Luis XIII, estaba sentado un señor que no parecía mayor. Un bastón blanco, apoyado en el borde del banco, delataba su ceguera. Tenía la cara redonda y unos rizos entre rubios y blancos cuyos grandes bucles desbordaban sobre su frente. Las gafas oscuras que llevaba no permitían ver el color de sus ojos, pero era un hombre atractivo. A Erika le llamó enseguida la atención. No sabía por qué, pero aquella cara le resultaba familiar. Todavía le quedaba una flor, la última, y se acercó al desconocido.

—Buenos días, madruga usted mucho —le dijo, mientras se sentaba a su lado.

—Sí, me gusta. Vengo mucho por aquí. La Plaza de los Vosgos es un lugar maravilloso.

—Pero usted no puede verlo, perdone la indiscreción.

—Lo he visto mucho. Cuando era pequeño, venía aquí a jugar a la pelota.

La palabra "pelota" resultó como un aldabonazo en la mente de Erika que se quedó muda durante unos segundos.

—¿Le pasa algo? —preguntó el individuo.

—No, es que, de pronto... me acordé y...

—Los recuerdos son muy bonitos. Yo vivo mucho de ellos. Me gusta recorrer con la vista interior tantas cosas... tantas cosas. Perdone, pero por su acento, aunque usted habla muy bien francés, no parece de aquí.

—Soy alemana —dijo sin ningún orgullo, de forma natural.

—¿Conocía usted la Plaza de los Vosgos?

—Sí, hace ya muchos años...

Entonces, el semblante del desconocido se crispó.

— ¿Cuándo ha estado aquí? —preguntó él.

—En 1941 y 1942.

— ¿Puede repetir, por favor? —insistió, un tanto nervioso.

—Sí, entre 1941 y 1942.

Entonces, sin mediar palabra, el desconocido se levantó:

—Perdone, pero es que tengo prisa, tengo que recoger a mis hijas que están esperándome en casa de unas amigas.

—Espere un poco, ¿cómo se llama usted?

—Efraín, Efraín Epstein.

—¡Ah, bueno!, estaba pensando... ¿Viene usted mucho por este parque?

—Sí, casi todos los días, a veces con mis hijas.

—¿Qué edad tienen?

—13 y 15 años, pero me va a permitir ahora que me vaya. Si quiere, otro día seguimos platicando.

—Muy bien, entonces le veré por aquí pronto, usted debe de hablar muy bien.

—Sí... me verá.

Después de alejarse rápidamente, a pesar de su ceguera, a unos cincuenta metros se volvió y gritó levantando el bastón—:" ¡Adiós!"

—¡Adiós, Da..., Efraín! —contestó Erika, que se había quedado perpleja y casi sin reacción, pues la conversación que había mantenido le había traído recuerdos de la guerra en esa misma plaza. "No puede ser —se dijo—, David murió en Auschwitz..., además, este señor se llama Efraín. No tiene nada que ver con David".

**

Al volver al hotel, Erika empezó a dar vueltas obsesivamente al encuentro que acababa de tener. La intuición femenina no suele fallar, y en este caso ella estaba convencida de conocer al hombre con quien había conversado en la plaza. A su marido no le dijo nada, pues él ya le había ayudado bastante y no quería molestarle más. Entonces, en la soledad de su habitación, analizó la figura de aquel ser surgido de la nada. "¡Qué bellos bucles!, se desbordaban sobre su frente, y le gustaba jugar a la pelota de pequeño. Cuando le dijiste que eras alemana y que habías estado en la plaza entre 1941 y 1942, se puso nervioso... Eso no es normal."

Pero lo que le más le había impresionado fue cómo el desconocido se volvía y blandía su bastón, para decirle adiós.

Al día siguiente, Erika Meinhof estaba de vuelta en la Place des Vosges, a la misma hora que el día anterior. Era domingo y había más gente. Se sentó al lado de la estatua de Luis XIII, en el mismo banco que la víspera. Cerró los ojos y esperó. Cuando estaba concentrada en sus pensamientos, en sus recuerdos, notó como algo le golpeaba en su pierna derecha. Abrió los ojos, vio que se trataba de una vieja pelota de caucho, y se quejó:

—¿Quién me ha tirado esta pelota? ¡Qué barbaridad, ni un domingo puede una relajarse!

Delante de ella tenía a un niño de 7 u 8 años que de inmediato le respondió:

—Le he lanzado la pelota porque me lo ha dicho un señor.

231

—He sido yo quien se lo ha pedido, Erika —sonó una voz conocida detrás de ella.

Erika no se atrevió a volverse. Más bien adoptó la actitud de un pulpo que se enroca, o de un cangrejo ermitaño que se resguarda en su cascarón para protegerse de algo imprevisto. Entonces notó que alguien, con unos brazos muy fuertes, la asía por los hombros, la abrazaba, y la besaba tiernamente en la mejilla, no una vez, sino varias, sin parar, mientras ella seguía sin reaccionar. Giró la cabeza, y vio al ciego que el día anterior había estado hablando con ella.

—¡¡¡David!!!... no, es mentira, ¡tú no eres David, tú eres Efraín!

—No te acuerdas Erika: "Eres muy guapa..., tú debes de correr mucho.... quiero jugar contigo..., me aburro en este parque..., cuando vengas a mi casa, te enseñaré mis álbumes de cromos" —le susurró al oído y añadió—: ¿Quieres que te diga más?, el tren Märklin que tú me regalaste está esperándonos para que juguemos. —Pero Erika no pudo responder, simplemente se desmalló y David la depositó tiernamente sobre el banco, acunándola, queriéndola...

A los pocos minutos, la policía se personó e interpeló a David. Al ver que éste conocía a la accidentada, que estaba perfectamente documentado, y que daba todos los datos que se le pedían, dejaron que la acompañase en una ambulancia a una clínica cercana.

—No tiene nada —dijo el médico después de reconocerla—, al menos nada grave. Ha perdido el sentido, ha tenido una fuerte bajada de tensión, una especie de lipotimia, pero ahora ya la estamos estabilizando.

— ¿Puedo pasar a verla? —preguntó David.

—Sí, pero no la fatigue ni la emocione mucho, cuidado.

—No se preocupe, sólo estaré unos minutos.

Cuando entró en la habitación, Erika estaba despierta pero muy pálida.

—Hola, Erika.

—Hola, David.

—Me ha dicho el médico que no puedo estar mucho rato contigo.

—Es suficiente con que estés unos minutos y te vea vivo, pero mi mente me ha podido. Encontrarte en el parque, treinta y cinco años después... ciego, pero vivo, vivo, era más de lo que podía soportar y... ya ves cuán flojas somos las personas.

—No quiero contarte nada ahora, no estás preparada.

—Me siento mal otra vez. Dame tu dirección, ¡o mejor!, llévame a tu casa, contigo. ¿Tienes una habitación libre?

—Sí, la de invitados.

—Pues entonces, ¡a qué esperas! Deseo estar contigo y que me lo cuentes todo. Toma los datos del hotel y avisa a mi marido Wolfgang, por favor. Él comprenderá que tenemos mucho de qué platicar y nos dejará hacerlo.

—Estaba esperando que me lo pidieras, Erika. Mi mujer conoce también la historia, y no dirá nada.

—Ahora, quiero dormir, David. Diles que me pongan un calmante... lo necesito.

**

Al día siguiente, Erika se despertó ya más restablecida.

Wolfgang se encontraba junto a ella.

— ¿Dónde estoy?

—Entre amigos, no te preocupes. Te han traído a la casa de los Goldenberg, al mismo piso donde estuviste jugando con ellos en 1942. David me llamó desde el hospital y acudí enseguida.

— ¿Te ha dicho algo el médico?

—Sí, que no tienes nada grave. Sólo unos días de reposo y te sentirás como nueva.

— ¿Y tú, qué vas a hacer?

—Yo tengo que volver Alemania, pero tú aquí, tienes que reconciliarte con el pasado. Ahora es lo más importante. A los niños les explicaré lo que pasa y no debes inquietarte por nada.

—Gracias, Wolfgang. ¿Dónde está David?

—Ha ido a dar una vuelta para serenarse un poco y volverá enseguida. En cuanto a ti, Erika, en unos días, cuando te parezca bien, coges el avión o el tren y te regresas a Alemania.

—Gracias, amor, ya sabía que podía contar contigo.

Pasadas unas horas, Erika se levantó, se arregló, y salió de la habitación sintiéndose como en casa, pues se acordaba de todo aunque el mobiliario había cambiado y las paredes tenían otro color. Al entrar en el salón, David, su esposa y sus hijas, la estaban esperando.

—Hola, Erika, ¡por fin! ¿Cómo te encuentras?

—Ya mucho mejor, imagínate.

—Esta es Ruth, mi esposa.

—Hola, Erika, encantada de conocerte. David me ha hablado mucho de ti.

—Y las otras dos son: mi hija mayor, Miriam, y la pequeña Annette —las presentó David con orgullo.

—Hola niñas, ¿cómo estáis?

—Encantada de conocerte —dijo la mayor.

—Eres como papá te describía, estás guapísima –dijo a su vez la menor.

—Con treinta y cinco años más..., no es lo mismo.

—Erika –tomó la palabra Ruth—,quiero que sepas que te estamos muy agradecidas por lo que hiciste por nuestra familia durante la guerra.

—Habría hecho mucho más, pero todo se desarrolló a velocidad de vértigo. Cuando volví a París, en junio de 1944, aquí no había nadie. Luego me enteré de lo... ocurrido. Me contaron todo aquello de la Vel d´Hiv... ese horror.

Al mencionar la Vel d´Hiv, se hizo un silencio sepulcral. Ruth también tenía a un familiar que había sido detenido en esa redada, concentrado en el Velódromo de Invierno, y finalmente asesinado en el campo de exterminio de Auschwitz.

—Sabemos que David y tú queréis estar a solas, así que las niñas y yo nos vamos de compras a las galerías Lafayette. Luego iremos al cine. Creo que tenéis muchas cosas que contaros, ¿verdad?

— ¿Tú qué crees, David? –le preguntó Erika.

—Lo mismo que tú.

—Pues no se hable más —zanjó Ruth—. Nos vamos ya. Adiós, y no os emocionéis demasiado, que ya estáis juntos otra vez.

—Adiós, Ruth, adiós niñas. Ha sido un placer.

—*À tout à l'heure* (hasta luego) Erika —se despidieron todas al unísono.

Cuando, a primeros de julio de 1942, Erika Meinhof abandonó Francia para regresar junto a su madre en Karlsruhe, la situación de los judíos parisinos empeoró sensiblemente. El gobierno alemán de la zona ocupada adoptó medidas drásticas que no hacían presagiar nada bueno

El desenlace inmediato fue la Raffle du Vélodrome d'hiver, también conocida como la *Vel d'Hiv* —La redada del velódromo de Invierno—, en la que 13152 judíos fueron detenidos en París y sus alrededores, de ellos más de 4000 niños. Alrededor de siete mil fueron confinados en la instalación deportiva. Allí, durante cinco días, tuvieron que sobrevivir sin alimento, con un solo punto de agua y dos médicos. Las personas que soportaron esa humillación y tortura, todos inocentes, fueron después deportados al campo de concentración de Drancy, al noreste de París. Este ominoso lugar fue la antesala de su exterminio, casi completo, en *Auschwitz-Birkenau*, uno de los campos de la muerte que los nazis habían construido apresuradamente para la "EndLösung der Juden Frage", la *solución final al problema judío*.

Nada más llegar a Auschwitz, los individuos útiles fueron separados violentamente de los demás, de sus mujeres e hijos. A los considerados inútiles, es decir, niños de corta edad, viejos y enfermos, se les envió directamente a las *duchas,* que no eran otra cosa que las terroríficas cámaras de gas. En ellas, el Zyclón B, un pesticida-insecticida, era

Vertido desde el techo al interior de la estancia donde se hacinaban las victimas de semejante barbarie, falleciendo en cuestión de minutos.

**

La Raffle du Vel d´Hiv y la huida de David Goldenberg

El 16 de julio de 1942, a partir de las cuatro de la mañana, la policía se presentó en los domicilios de las víctimas. Muchos, aun sabiendo que les iban a detener, no pudieron hacer nada. Huir de París era muy difícil, dadas las férreas ordenanzas dictadas contra los judíos para impedir su movilidad antes del desastre.

— ¿Quién será a estas horas? —se preguntó Margot, la madre de David, mientras se despertaba sobresaltada, se levantaba y se ponía una bata, después de escuchar los fuertes golpes y timbrazos en la puerta, que habían despertado también a la vecindad.

Al mirar por la rejilla, aunque había oído rumores de lo que podía ocurrir, se quedó de piedra. Dos agentes de policía uniformados, dos gendarmes, acompañados de otro funcionario que debía de ser de la policía secreta, se hallaban parados en el rellano de la escalera. Abrió la puerta.

— ¿Es usted Margot Goldenberg? —le preguntó el que iba vestido de civil.

—Sí, ¿qué ocurre?

—Usted y los demás miembros de su familia deben acompañarnos ahora mismo. Tienen unos minutos para vestirse.

—Me permite sólo un momento.

—Sí, pero no haga tonterías.

Apresuradamente, entró en la habitación de matrimonio, donde su marido esperaba despierto.

—Maurice —se dirigió a él con lúgubre seriedad—, hay unos señores de la policía que dicen que tenemos que acompañarles a no sé dónde, y que disponemos sólo de unos minutos para prepararnos.

—Lo que me temía, cariño. Diles que ahora salgo.

Esta fue la conversación que escuchó David, que dormía al lado en una camita, y a quien los golpes en la puerta habían roto también su sueño, asustándole.

"Entonces, mi padre —continuó relatando David a Erika—, antes de ir al recibimiento, me mandó esconderme inmediatamente y que, pasara lo que pasara, permaneciera callado. No he llegado nunca a comprender por qué me lo dijo a mí y no a mi hermanita Catherine, que se encontraba en el cuarto de al lado. Es una espina que tengo clavada, y no lo he resuelto todavía ".

— ¿Qué hiciste después? – preguntó Erika, asiéndole sus manos con fuerza.

—Imagínate, no sabía dónde esconderme. Salí por la puerta de la cocina, que estaba en la parte trasera del piso y daba a una escalera interior de servicio, y subí al departamento de arriba. Allí vivía una vecina que nos quería mucho. Con ella, pensé, no habría problemas.

— ¿Qué pasó?

—No me dejó entrar. Yo noté que había alguien dentro, pues oí pasos cuando llamé al timbre. A través de la puerta, le expliqué lo que pasaba con palabras infantiles. Yo creo que todo el mundo se esperaba esto y Nicole, que así se llamaba esta vecina, debía de saberlo. Pero fíjate cómo son las cosas. ¡No me abrió!

— ¡Qué asco!

—No, Erika. No puedes pedirle demasiado a la gente. La mayoría es egoísta y cobarde. No arriesga nada. Eso es así y cuando hay peligro o quieres compromiso, la gente huye de ti como apestada, y te llevas muchas sorpresas.

—Es verdad, aunque no podamos evitar ser optimistas.

—El caso, Erika, es que no sabía qué hacer. Entonces me eché a llorar y ocurrió el milagro.

— ¿El milagro, David?

—Sí. En el piso de encima, un quinto, vivía Raymond, un señor de mediana edad. Era un empleado del ferrocarril. Me parece que estaba divorciado, pues se lo oí contar a mis padres, y que tenía una hija que apenas le veía. Yo le conocía muy poco, de cruzarme en el ascensor, aunque eso sí, siempre tenía algunas palabras cariñosas conmigo. El hecho es que, alertado seguramente por los ruidos, salió al descansillo de la escalera de servicio y, como un relámpago, bajó, me tomó en brazos y subió corriendo a su casa. "No te preocupes David, me decía. Aquí estás seguro. Ya verás como todo sale bien".

—Es que, a veces, el bien está donde menos te lo esperas.

—No me lo podía creer, pero ocurrió el milagro.

— ¿Y tu padre, tu madre y Catherine?

En este momento, David ya no pudo más y empezó a llorar desconsoladamente, a borbotones, mientras se cubría las lágrimas con sus manos y se doblaba de dolor.

—No pude despedirme de mi madre... ni de mi hermana... —decía entre sollozos—. Sólo mi padre me estrechó con fuerza entre sus brazos, sólo unos segundos, que valen una vida...

Cuando se hubo repuesto, después de permanecer unos minutos en el baño, prosiguió su relato:

—La situación en el departamento de mi vecino, de mi salvador, era inestable. Raymond temía que los gendarmes volvieran, pues como funcionario sabía que en los archivos de la policía debían de constar cuatro personas y no tres. Además, con buen criterio, él no se fiaba de los demás vecinos... y estaba en lo cierto. Lo que me salvo del apresamiento fue su determinación pues, ni corto ni perezoso, me llevó donde las prostitutas de la Rue des Rosiers.

—¿Qué me dices, David, que las meretrices te protegieron?

—Sí, Erika, ellas me ocultaron. Muchos años después me he enterado que cuando había redadas de la policía y de la Gestapo, ellas hacían lo mismo con otros niños... esas maravillosas mujeres. Nunca les estaré lo suficientemente agradecido.

— ¿Cuánto tiempo estuviste con ellas?

—Sólo una semana, más no podía ser, pues les comprometía mucho. Ten en cuenta que se trataba de una casa de citas, y que de vez en cuando venían militares alemanes, incluso gendarmes. El hecho es que a finales de julio, me escondieron en el maletero de un coche y me llevaron fuera de la ciudad, hacia el Sur, a una granja cercana al pueblo de Montrichard, a unos ciento cincuenta kilómetros de la capital. Realmente, era más de lo que podían hacer.

—Pero, ¿cómo sobreviviste? No tenías papeles, ni nada.

—Ni yo mismo puedo entenderlo. ¿Te imaginas? Pero en Francia también había gente buena, ¡vaya que si la había!, a pesar de Pétain y de todo su antisemitismo.

"Allí estuve tres meses. Me prohibieron salir de la granja que estaba aislada y en medio del campo. No podía dejar verme, así que me alojaron en el granero, con una cama de paja, sin agua caliente, ni cuarto de baño, ni muchas de esas cosas que no valoramos mientras las tenemos.

—Ya me imagino, David. Tuvo que ser muy duro.

—Lo más duro no fue eso. Un niño se adapta a casi todo. Lo peor fue no saber nada de mi padre, de mi madre, de mi hermanita Catherine. Lloraba todas las noches acordándome de ellos, y a ti te llamaba en sueños, pero tú no venías cómo me habías prometido..., esto lo hacía todavía más duro.

—No me lo recuerdes... me haces sufrir.

—Luego ocurrió lo inevitable. La familia Arnod me dijo que ya no podía seguir más tiempo allí, que las cosas se estaban poniendo muy feas en el pueblo, y que tarde o temprano iba a venir la policía a hacer registros en las granjas. Mi suerte estaba echada, y ellos no sabían qué hacer. Imagínate, una personita sola, con nueve años recién cumplidos.

— ¿Tenían hijos?

—No. Ello en cierta medida facilitaba las cosas, pero un día, un vecino se acercó a la granja y empezó a insultar al señor Arnod. Ese granuja le dijo saber que escondía a alguien y le amenazó con denunciarlo a la policía si no le regalaba un par de vacas. Entonces, ya no pudieron esperar más y partieron conmigo en coche, hacia el Sureste, desesperados. Se detuvieron en una aldea cercana a Thizy, un pueblo del Ródano al norte de la ciudad de Lyon. Me dieron un beso, algo de comida y dinero, y me abandonaron en la puerta de una iglesia, Me acuerdo como si fuera ayer. Yo estaba perplejo, en estado de shok, y no sabía cómo reaccionar. Entonces apareció el padre Gautier que se apiadó de mí al verme llorar.

—Por fin estabas salvado.

—Casi, Erika... casi. Había que atravesar la frontera con Suiza, que era el país más cercano. El padre Gautier consiguió falsificarme unos documentos del colegio, haciéndome pasar por un sobrino suyo que se había quedado huérfano. Lo cierto es que su hermano había fallecido hacía unos meses en París, así que aprovechó la coyuntura. Pero si la policía lo comprobaba, estaba perdido, pues los hijos de su hermano vivían felizmente con su madre y ésta no sabía nada de la falsificación.

— ¿Cómo llegaste finalmente a Suiza?

—Es lo más doloroso de mi historia. En el pueblo había un contrabandista que tenía contactos en la frontera, en el monte del Jura.

— ¿Quién le pagó?

—Eso es lo que yo quisiera saber. Nadie me lo dijo. Cuando fui a ver al padre Gautier después de la guerra, tampoco lo pude averiguar. Me dijo que la persona que le había dado el dinero no quería que se supiera nunca que había ayudado.

—Son los héroes anónimos. Los mejores entre los mejores. Ni siquiera tienen un poco de vanidad. Lo ofrecen todo silenciosamente, sin esperar nada, ni medallas, ni honores...

—Así es Erika, quien quiera que fuese, le rezo todas las noches y siempre encendemos una vela la víspera del sábado, por ese alma que todos queremos y que consideramos como un miembro más de la familia.

—Si quieres, no sigas. A mí me vale con lo que ya me has contado. No quiero que sufras más, ya ha sido demasiado.

—No, Erika, para ti no hay secretos. Eres de la familia. —Y David continuó con su relato:

Una noche vino el contrabandista, y con muy malos modos le dijo al padre Gautier que al día siguiente, de madrugada, partiría con otros diez niños hacia Mijoux, un pueblo muy pequeño situado en el macizo del Jura, a unos kilómetros de la ciudad suiza de Nyon, que era nuestro destino final. El padre estuvo platicando con él durante unos minutos. Luego se despidieron y vino a mi lado, triste, pues temía mucho por mi vida: "David, no puedo hacer otra cosa. Aquí, tarde o temprano, te detendrían y ¿tú quieres ver a tus padres, no?, pues entonces tienes que hacer lo que yo te diga".

El padre Gautier sabía perfectamente lo que había pasado en París y lo que les estaba pasando en Alemania a los judíos de los campos de la muerte, que en noviembre de 1942 ya estaban a pleno rendimiento. Yo no podía más que obedecer, y lo hice de buen grado, pues creía en las piadosas palabras del rabino, perdón, quiero decir del sacerdote.

Al día siguiente por la noche, el contrabandista, que se llamaba Bernard, vino a recogerme. Tenía una camioneta y dentro se encontraba el resto de los niños. Sólo éramos siete, pues los otros tres que iban a venir se habían echado atrás en el último momento. Esto significaba, pura y simplemente, que no tenían dinero. Durante el trayecto de más de 200 kilómetros, por carreteras secundarias y caminos de tierra que Bernard ya conocía por sus andanzas, permanecimos en silencio, ocultos bajo unos sacos de patatas que nos aplastaban. El contrabandista nos dijo que al que hablase lo abandonaría solo, en medio del campo. Nosotros estábamos aterrorizados, y no había ninguna otra persona mayor que nos pudiera proteger, así que permanecimos en silencio. Sólo se detuvo una vez para que hiciéramos nuestras necesidades, pero ya había algunos y algunas que nos habíamos meado, no sé si de ganas, de desesperación, o de miedo.

Finalmente, llegamos a Mijoux más muertos que vivos. Habíamos tardado más de cinco horas, pues lo único que conservaba de mi casa de París era el reloj de pulsera que me regaló mi mamá y que consultaba de vez en cuando. Estaba muy oscuro, sólo recuerdo que nos sacaron del camión, nos ordenaron que nos pusiéramos en fila india y caminásemos sin hacer ruido. Lo tenían todo muy estudiado y nos metieron en una especie de establo, donde había vacas y unos cuantos cerdos que ni se inmutaron de nuestra presencia. Se conoce que ya estaban acostumbrados. Menos mal que los tenían encerrados en una especie de cercado interior. Allí, sin apenas alimento, aunque sí nos dieron de beber, permanecimos cinco días enteros. ¡Pobres niños! Yo creo que el miedo nos quitó el hambre, aunque al tercer día ordeñábamos nosotros mismos a las vacas... como podíamos. No te puedes ni imaginar cómo nos bebíamos la leche. ¡Es increíble! Hasta nos comíamos las patatas crudas.

La noche del quinto día, un hombre joven, que dijo llamarse Gastón, nos vino a recoger. Hacía un frío que pelaba y que nosotros, en el establo, no lo habíamos notado, pues entre el calor humano, las vacas, los cerdos, y las montañas de paja que había, la temperatura allí dentro era muy agradable, no así los olores. Serían las tres de la mañana, cuando nos pusimos en marcha. Había que cruzar la frontera y dirigirse a Nyon, que estaba situado a unos 20 kilómetros atravesando un bosque montañoso. El reto no parecía muy difícil, pero las cosas se complicaron... En un momento dado, en plena ascensión por el bosque, Gaston, con brusquedad, nos ordenó detenernos. En frente de él apareció un hombre que debía de pertenecer a su cuadrilla, y se pusieron a gesticular y discutir acaloradamente.

Por lo que pude escuchar, las cosas no habían salido todo lo bien que esperaban. Los alemanes, advertidos de nuestro *traslado,* nos esperaban a unos kilómetros. Pronto, escuchamos a lo lejos el ladrido de varios perros que seguramente ya nos habían olido, y los pelos se nos pusieron de punta. ¿Te imaginas, Erika, en medio del bosque, de noche, sin mi padre y sin mi madre, y sabiéndome perseguido? No sé cómo pude hacerlo, pero aprovechando la confusión agarré a la niña que estaba a mi lado, que tenía sólo siete años, y me eché a correr con todas mis fuerzas, monte abajo, sin mirar hacia atrás. Yo creo que eso fue lo que nos salvó, pues al poco rato, entre ladridos rabiosos, escuchamos a lo lejos disparos, voces atronadoras y gritos desgarradores. Los habían atrapado y pronto se darían cuenta de que faltábamos nosotros. Así que continuamos corriendo, saltando, cayéndonos, levantándonos... yo no sé cuánto tiempo. La niña se me quejaba, decía que tenía flato y lloraba, pero yo no la soltaba, ¡yo no la solté!, pues a pesar de mis nueve años ya imaginaba que en manos de los alemanes o de los gendarmes franceses, nada bueno iba a pasarnos. Cuando los ruidos cesaron, nos paramos a descansar. Casi no podíamos respirar. Luego, del frío que hacía, nos abrazamos y permanecimos así, en el silencio del bosque, quietos y acurrucados durante más de una hora hasta que empezó a amanecer. Yo sabía, por el colegio, que el sol se levantaba al Este, que es donde estaba Suiza, así que hacia allí nos dirigimos.

Cuando llevábamos más de una hora caminando, divisamos a lo lejos a unos soldados que no eran alemanes y que nos hacían signos de acercarnos, con mucha determinación. La niña y yo echamos a correr cogidos de la mano. A unos cien metros, noté como un cosquilleo en la cabeza y luego... nada más. Cuando me desperté, tenía el cráneo vendado y olía raro a mi alrededor. Luego me enteré de que me habían llevado a un hospital de Ginebra. Me toqué la cabeza y me dolía. La enfermera para tranquilizarme, me dijo que no me preocupara, que sólo era el rasguño de una bala. Al parecer, en los últimos metros, un francotirador alemán que estaba apostado en el bosque, disparó su fusil, probablemente con mira telescópica, y me acertó...

—¿Y es por eso que no puedes ver?

—Sí, Erika, pero ya me he acostumbrado.

— ¿Y qué pasó con esa niña que salvaste?

—Es Ruth, mi esposa. Jamás se ha separado de mí desde entonces.

—No me lo habías dicho, bribón.

—Quería que fuese una sorpresa agradable —dijo David, expresando su satisfacción con una sonrisa.

—¿Y lo del nombre, por qué te lo cambiaste?

—En el fondo no quiero saber nada de esa época. Digamos que me lo he cambiado de hecho. No deseo que me llamen David, ni Goldenberg. Quería olvidarlo todo. Al principio Ruth Epstein se opuso, luego ya se ha acostumbrado. Pero tú me puedes llamar David. No te lo voy a prohibir, pero sólo a ti, que eres de las pocas personas que conoce mi historia.

**

Después de permanecer una semana más en París, Erika, reconciliada con su pasado, volvió a Alemania, con su marido y sus hijos. Pero desde su tercera estancia en la ciudad de la luz, el contacto con David y su familia ya no cesó. Se había convertido en algo natural y espontáneo que ella supo transmitir a sus hijos. Y así, Henning y Ludwig pasaban gran parte de las vacaciones en París o en la Côte d´Azur —la Costa azul francesa—, en compañía de los *Epstein*, a los que a veces se unían también Wolfgang y la propia Erika. Ya nada ni nadie podrían separarles.

Un buen día del mes de junio de 1985, cuando ya habían transcurrido 8 años desde el reencuentro, Ludwig, licenciado en filosofía por la Sorbona y que acababa de obtener un puesto de profesor en la universidad, sorprendió a su madre con una noticia inesperada:

—¿Mamá, tienes un momento?

—Claro, hijo, ¡qué barbaridad!, ¡qué serio estás!

—Realmente, me siento muy feliz.

—¿Pues cuál es entonces el motivo de tu alegría?

—No te lo había querido decir antes, hasta que no estuviésemos seguros.

—¿Qué estás tramando? Te estás pareciendo ahora a tu tío Willy.

—Él ya lo sabe, y como siempre me anima en todo. Ese viejo búfalo es fabuloso.

—Mientras no sea nada descabellado.

—Me quiero casar con Miriam.

—¿Cómo dices...?

—Que me voy a casar con Miriam Epstein.

—Se lo has dicho a tu padre.

—Sí.

—O sea que la última en enterarme soy yo.

—No estaba seguro de tu reacción.

—¿Y cómo ha sido ese enamoramiento, cuéntame?

—No sé, cada vez que iba con los Epstein, me costaba más volver y separarme de Miriam. A ella le pasaba lo mismo. Luego nos hemos estado carteando y, poco a poco, se nos ha hecho imposible vivir el uno sin el otro.

—Eso se llama amor, mi vida. ¿Qué voy a decir yo? Si os queréis, adelante. No hay fronteras para el amor, cuando es puro y sincero. Ya sabes que ella es judía, ¿no te importa?

— ¡Mira quien fue a hablar! Mamá, ya lo hemos platicado. A mí no me importa y a ella tampoco que yo sea católico. Al fin y al cabo, tenemos mucho en común, y lo que es más importante, nos unen nuestros sentimientos.

—Pues entonces, adelante.

En el fondo, a Erika le encantaba la noticia y ya se había dado cuenta, durante unas vacaciones, que Miriam no le quitaba el ojo a su hijo, y que juntos iban también a rezar. No obstante, se puso en contacto con David, preocupada por lo que éste pudiera pensar.

— ¿Qué te parece, David?, ¿te has enterado?

—Claro, es una buena nueva.

—Entonces, ¿no te importa que no tengan la misma religión?

— ¿Es que te importó a ti cuando jugabas conmigo en París?

—En absoluto, ya lo sabes.

—Pues entonces…

—Que se casen y sean felices, y que nosotros podamos verlo muchos años, David.

—Erika, me parece maravilloso que tengamos nietos comunes, mejor no podía ser. Estaba escrito… estaba escrito.

De esta manera, tan inesperada, el bucle del destino se había cerrado entre las familias Meinhof, Goldenberg y Epstein, que ahora iban a compartir un mismo destino de sangre, superando de una vez por todas un terrible pasado lejano que había sembrado separación, odio y muerte, donde nunca tuvo que haberlo.

Las personas que se dejan guiar ante todo por sus sentimientos…, por su corazón, y que en el fondo, comparten unas creencias comunes, universales, de bondad, respeto y exaltación de la vida, son muy fuertes y se sienten capaces de romper las barreras que les impone la mezquindad y el sectarismo de los fanáticos.

***

Epílogo

El 9 de noviembre de 1989, el muro de Berlín, el mayor símbolo de la Guerra Fría, por fin ha caído. Las protestas populares, la flexibilidad del gobierno de Egon Krenz en la República Democrática Alemana, que se ve superado por los acontecimientos, y la falta de apoyo de la URSS para la represión, entre otros factores, ponen término a la separación física de las dos Alemanias. Mijail Gorbachov es el líder supremo de la URSS, pero las circunstancias por las que atraviesa la Unión de Repúblicas Socialistas Soviéticas son muy distintas a las de unos años antes. La *Glasnost* —la política de transparencia— y la *Perestroika* —la reestructuración económica— han producido también sus resultados en el ámbito meramente privado, facilitando los viajes de los ciudadanos soviéticos al extranjero.

En ese ambiente de distensión, Alexey Sokolov, general retirado del ejército soviético, decide poner en práctica una idea que ya llevaba acariciando desde hacía más de 40 años. Liosha, como le llamaban sus allegados, nunca estuvo de acuerdo con la decisión adoptada por el mando soviético, cuando el coronel Yuri Vasiliev recibió al capitán de las SS Kurt Peckmann en su cuartel de mando, el 16 de octubre de 1943.

La conducta de éste le había parecido ignominiosa e inconcebible y siempre se había mostrado contrario a que se premiase la traición del militar alemán a sus propios compañeros de armas. Pero razones de índole práctica, y quién sabe si algo más, habían primado en la decisión de sus superiores de aceptar la información de Peckmann, a cambio de premiarle con dos cajas bien repletas de lingotes de oro. Luego, cuando se enteró de que el valioso cargamento era producto de las acciones criminales de los *Einsatzgruppen* —grupos operativos— de las SS contra la población judía de Ucrania, su indignación y su desprecio aumentaron exponencialmente. Aunque expresó formalmente su desacuerdo con la apropiación de un oro que nos les pertenecía y con el pago a un traidor; dadas las *circunstancias* por las que atravesaba el país, no era prudente hacer nada más.

Aprovechando la *Glasnost* y el ambiente de relativa libertad que se empezaba a respirar en la Unión Soviética, hacía un año que Liosha había puesto en antecedentes a las autoridades civiles y militares rusas sobre lo que había pasado en 1943. Presentó un informe muy detallado pero no se hacía muchas ilusiones sobre su resultado final. Ahora, lo que más le importaba era ponerse en contacto con el antiguo *Hauptmann* de la Whermacht. Gracias a sus relaciones influyentes, consiguió enterarse en la embajada alemana de la existencia y paradero del ex oficial alemán. Le escribió una carta donde le pedía una entrevista: "Para hablar sobre unos hechos que ambos conocemos..." A Willy, que en 1990 ya estaba disfrutando de una merecida jubilación, rodeado de sus nietos y sus tres hijas, la propuesta le gustó mucho y así se lo comunicó.

**

Una mañana del mes de mayo de 1990, Liosha, recién llegado de Moscú, llamaba a la puerta de la casa de Willy Meinhof, en Karlsruhe. Un hombre mayor y calvo, de apariencia fuerte, aunque los estragos de la edad iban ya haciendo mella en su anatomía, abrió la puerta.

—¡Usted es Alexey Sokolov!

—¡Y usted es Wilhelm Meinhof!

Los dos quedaron mirándose fijamente durante unos segundos, sin pronunciar palabra. Luego, casi como si se hubiesen puesto de acuerdo, se dieron la mano con fuerza y un caluroso abrazo. Lo que más impresionó en ese momento a Alexey fue la mirada siempre brillante y sonriente del alemán. Y es que, a pesar de los años y de todas sus experiencias, Willy había conseguido mantener una actitud positiva y constructiva ante la vida. Ciertamente, llevado por su audacia, los errores cometidos eran muchos, pero siempre se levantaba de los reveses con renovados bríos y aunque las marcas de sus *batallas*, como ocurre con todas las personas, se le dibujaban en la cara, todavía conservaba en sus ojos azules la frescura de la juventud.

—Tenía ya ganas de hablar con usted, capitán. Ha pasado mucho tiempo, demasiado, pero ya conoce las circunstancias.

—H*err Major* (comandante), perdón, quiero decir *Herr General*, cuando recordaba aquel octubre de 1943, usted siempre estaba en mi memoria. Si no llega a proponernos la rendición y luego aceptar mis condiciones... seguramente yo ya no estaría aquí. No sabe cuánto le agradezco su humanidad, en mi nombre y en el de los supervivientes de la compañía.

—La guerra ya es demasiado cruel como para que nosotros echemos más leña al fuego. Yo siempre tenía claro que, cuando fuera posible, se debía dar una oportunidad a la vida. Así se lo propuse al Coronel Vasiliev y a él, en honor a la verdad, le pareció bien a pesar de las prisas que teníamos por tomar la posición y hacernos con el oro. ¡Créame, capitán!, en el tercer ataque ustedes no habrían durado ni diez minutos.

—Ya lo sé, Alexey...

Luego Willy le contó al antiguo comandante todo lo que había sucedido en el caso Peckmann, cuál había sido el resultado del proceso, y el triste fin del preso. También le relató las penurias del cautiverio y el alto coste en vidas humanas que tuvo que pagar la compañía 150, hasta que los prisioneros volvieron a Alemania.

—El motivo de mi visita era fundamentalmente exponerle mi punto de vista sobre lo que pasó —explicó a su vez Alexey—. Yo no estaba de acuerdo con la decisión de premiar a Peckmann por su información, pero los escrúpulos en aquella época no eran muy comunes. Yuri me dijo que era mejor acceder para asegurarnos de encontrar el escondrijo del oro. Si lo que nos había contado el SS era cierto, sólo disponíamos de unas pocas horas para hacernos con el cargamento y largarnos. El fin justificó los medios, pero yo seguía considerando una deshonra ayudar a un traidor a sus propios compañeros, al que no le importaba ni un pimiento que fueran a morir ustedes, con tal de enriquecerse.

—Gracias, Alexey. Hay fronteras que no se deben traspasar. Nosotros, a mí no me importa reconocerlo, formábamos parte del bando equivocado. No sólo por las acciones y los fines malévolos de Hitler, con su teoría del espacio vital y su antisemitismo criminal, sino porque, al fin y al cabo, estábamos ocupando un país que no era el nuestro. Pero aun dentro de la barbarie de la guerra, teníamos unos principios y no le hablo sólo de mí, sino de todo el regimiento. Sobre todo, defendíamos la *Kameradschaft* (la camaradería), por eso nos parecía inaudito que se pudiera traicionar y vender así a unos compañeros de armas.

—Siento lo de sus camaradas. No deberían haber muerto tantos en los campos de concentración, pero ustedes no se portaron especialmente bien con nuestros soldados prisioneros, y con ello capitán, créame que no trato de justificar los crímenes de Stalin, ¡ni mucho menos!

—Alexey, ahora todo eso ya ha pasado, nuestros dos países se han desembarazado de esas odiosas dictaduras; esos sistemas que sólo traen a las poblaciones, engaño, desesperación, y muerte.

—Sí, especialmente a los valientes que se oponen, que se rebelan, o a los inocentes que son estigmatizados por pertenecer a un pueblo, como el hebreo, al que Hitler quiso cargar con todos los males de la humanidad.

—Alexey...

—Llámeme Liosha, por favor, usted ya es de la familia. Por cierto, veo en las fotos que tiene tres hijas maravillosas.

—Sí, son fruto de mi querida esposa; ella me ha acompañado todos estos años. Por desgracia Ilse ya no está conmigo; aunque su espíritu se encuentra en cada uno de los rincones de esta casa. Pero no hablemos ahora de cosas tristes. ¿Y a usted, Liosha?, ¿cómo le ha ido en la vida?

—Yo también me quedé viudo. Tengo un hijo, se llama Andrey, y dos nietos. Andrey es oficial del ejército. Hasta hace unos meses ha prestado servicios en Afganistán, en esa guerra equivocada en la que ahora invadimos nosotros, pero ¡qué le vamos a hacer!, era militar y cumplía órdenes; como usted y yo durante la Segunda Guerra Mundial.

—Liosha, ayer compré en su honor una botella del mejor vodka ruso. Quisiera que brindásemos y nos tomásemos juntos unos cuantos tragos, ahora que nos hemos reencontrado en la paz.

—¡Por supuesto, capitán!

—¡No me llame capitán!, llámeme Willy; usted también es de la familia —afirmó sin disimular su felicidad. —Después de descorchar la botella, los dos hombres se dirigieron resueltos al jardín de la casa, donde Willy brindó en voz alta—: ¡Por nuestros soldados!, ¡por Rusia y Alemania! Y por todas las víctimas inocentes de la guerra y de la persecución. Que allí donde estén puedan disfrutar de la vida y de la paz que tan injustamente les fue arrebatada.

—¡*Prost!*, ¡*Nazdrovie!* —exclamaron Liosha y Willy, mientras alzaban sus copas—. Luego las chocaron, se las bebieron de un trago, y las estrellaron contra la pared de la casa.

En ese momento, Willy alzó la mirada hacia el infinito y le pareció ver a Gerald Funke, a Hans Witzke y a los demás camaradas, mientras le sonreían y le decían adiós con la mano, antes de perderse en un cielo azul, luminoso y eterno.

FIN

Índice general

www.ingramcontent.com/pod-product-compliance
Lightning Source LLC
Chambersburg PA
CBHW022004090426
42741CB00007B/884